MONTESSORI

外国名家谈教育

MARIA MONTESSORI ON EDUCATION

意大利教育家

蒙台梭利
谈教育

［意］玛丽亚·蒙台梭利 著

秦博 译

辽宁人民出版社

图书在版编目（CIP）数据

意大利教育家蒙台梭利谈教育 /（意）玛丽亚·蒙台
梭利（Maria Montessori）著；秦博译. —沈阳：辽宁人民
出版社，2021.7
（外国名家谈教育）
ISBN 978-7-205-10080-3

Ⅰ.①意… Ⅱ.①玛… ②秦… Ⅲ.①蒙台梭利
（Montessori，Maria 1870—1952）—教育思想 Ⅳ.
①G40-095.46

中国版本图书馆 CIP 数据核字（2020）第 253338 号

出版发行：辽宁人民出版社
　　　　　地址：沈阳市和平区十一纬路 25 号　邮编：110003
　　　　　电话：024-23284321（邮　购）　024-23284324（发行部）
　　　　　传真：024-23284191（发行部）　024-23284304（办公室）
　　　　　http://www.lnpph.com.cn
印　　刷：辽宁新华印务有限公司
幅面尺寸：160mm×230mm
印　　张：8.75
插　　页：8
字　　数：130千字
出版时间：2021 年 7 月第 1 版
印刷时间：2021 年 7 月第 1 次印刷
责任编辑：阎伟萍　孙　雯
装帧设计：留白文化
责任校对：冯　莹
书　　号：ISBN 978-7-205-10080-3
定　　价：38.00元

目录
Contents

导　言

◎蒙台梭利

　　玛丽亚·蒙台梭利（1870—1952），意大利著名幼儿教育家、思想家和改革家。她出生于意大利安科纳地区的一个小镇，父亲是一位性格平和又有些保守的军人，母亲是一名虔诚的天主教徒。蒙台梭利作为独生女，从小深受父母宠爱，受到了良好的家庭教育，这也让她养成了自律、独立的性格和乐于助人的博爱胸怀。

　　1896年，26岁的蒙台梭利在顶住来自家庭、学校、社会等各方面的压力、付出艰苦卓绝的努力之后，成为罗马大学乃至意大利历史上第一位学医的女性、第一位女性医学博士。毕业后，她在罗马大学附属精神病院担任助理医生，在此期间，她系统学习了美国精神病专家爱德华·塞昆[①]和法国医学家伊塔德[②]的理论和方法，开始对智力障碍儿童

[①] 爱德华·塞昆（Édouard Séguin，1812—1880），法裔美籍精神病专家、教育家。

[②] 伊塔德（Jean Marc Gaspard Itard，1774—1838），法国医生、教育家。出生于普罗旺斯奥赖松。他最著名的事迹是曾经收养过一位名叫维特（Victor of Aveyron）的野男孩，这个男孩是被人从森林中捕捉到的。伊塔德尝试施予教育训练，虽然最后未能成功，但是对日后特殊教育有深远的影响，堪称启智教育的先驱者，并影响了蒙台梭利的教育理念和方法。

的神经与心理疾病进行研究。1900 年，她在罗马一家招收智力缺陷儿童的学校担任校长，取得了显著的成果。1901 年，蒙台梭利开始寻求将智力缺陷儿童的教育方法应用于正常儿童的可能性。1907 年，受罗马住宅改善协会会长艾多阿多·达勒姆的委托，蒙台梭利在圣洛伦佐区玛希大街 58 号公寓里创建了第一所"儿童之家"。在那里，她成功地将一群看上去贪婪、肮脏、具有暴力倾向和毁坏力的孩子改造和培养成了一个个自信的、聪明的、富有教养、精神抖擞的少年英才；同时，她还根据自己的教学实践，制定出了一整套完善的教材、教具和方法，形成了蒙台梭利教育体系。

　　蒙台梭利的教学成果令世人瞩目，不仅在意大利获得了高度好评，而且在美国、英国、法国、德国、荷兰、西班牙、奥地利、锡兰、巴基斯坦和印度等地得到了广泛的赞誉和传播。

　　终其一生，蒙台梭利都致力于智力缺陷儿童和正常儿童的研究与教育，并撰写了一批幼儿教育著作，开办了国际训练课程，对世界各国的幼儿教育产生了深远的影响，促进了现代幼儿教育的改革与发展，她也被誉为 20 世纪欧洲和世界最伟大的、科学的和进步的教育家之一，1949 年、1950 年、1951 年，蒙台梭利连续三年成为诺贝尔和平奖候选人，而她在教育实验、观察和研究基础上所创立的蒙氏教育法，也赢得了各国同行的高度评价。

　　蒙台梭利的经典著作包括《蒙台梭利早期教育法》《蒙台梭利儿童教育手册》《儿童的自发成长》《童年的秘密》《有吸收力的心灵》。这几部著作内

◎蒙台梭利，10 岁

容各有侧重，并形成了统一、有机的整体，构成了一个完整的教育体系，同时也展现出了内涵丰富而深刻的教育思想。例如，蒙台梭利将儿童使用教具的活动称为"工作"，而将儿童日常的玩耍和普遍使用玩具的活动称为"游戏"。儿童的身心发展只能通过"工作"来获得，只有这样才能实现自我教育和自我创造，最终完成自我人格的建构。蒙台梭利认为，教育者的职能不是"教"孩子，而是为孩子创

◎青年时期的蒙台梭利

设合适的环境、引导孩子与环境开展互动。在此基础上，教师要为孩子提供最大限度的自由，不要成为孩子开展实践活动的障碍，不要干扰孩子进行独立的尝试性探索，要让他们自己去尝试，自己去发现错误，自己去承担风险，让孩子遵循自己的内在法则和规律成长。这些在当时看来具有极大突破性、震撼性的观点，使蒙台梭利的教育方法拥有了长盛不衰的生命力。

©蒙台梭利学校

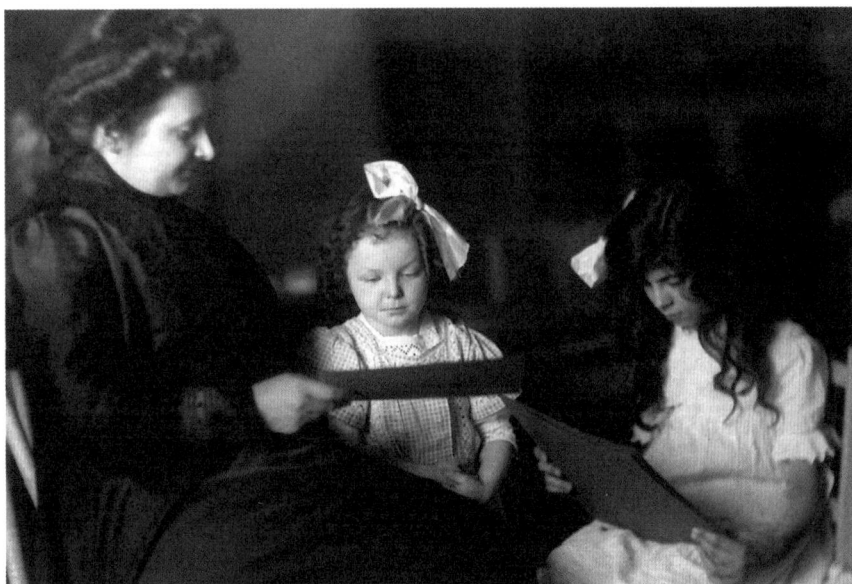

◎蒙台梭利学校

第一篇
重塑教育及教育方法

　　这并不是一篇专门向大家介绍什么是科学教育学的文章，我写这篇文章的直接目的，是为了从众多不完全的记录中得出一个实验结论。很显然，这个实验结论为一门新型科学应用于实践开辟出了一条新的路径。近年来，这些新的科学原理正慢慢推动教育工作的改革。

　　在过去的 10 年里，为了推动医学的发展，人们针对很多与教育学发展的相关问题展开了讨论，这些讨论已经超出了单纯的理论范畴，其结论也建立在实验的基础上。从韦伯、费克纳到冯特，生理学和实验心理学已经分别被开创并发展成为了两门新的学科，就像以前形而上学的心理学为哲学心理学的发展奠定了基础一样，这两门新的学科肯定也一定会为新型教育学打下良好的基础。用来研究儿童身体情况的形态人类学也将成为新型教育学发展的一个重要分支。

◎蒙台梭利与儿子马里奥，19 世纪 20 年代摄

　　尽管教育学领域的很多个方面

都已经显现了良好的发展态势，但截至目前，科学的教育学尚未完全建立，也未形成明确的定义。我们所讨论的科学教育学不过是一种模糊的、尚未成型的东西。也许有人会说，到目前为止，科学教育学还只是一种源自科学的直觉或建议，借助于曾经令19世纪思想更新换代的实证科学和实验科学，我认为科学教育学也必定能够冲破重重云雾，并在不长时间之后在人们面前出现。人们能够借助科学的进步创造出一个崭新的世界，但人类也要借助新型教育学来不断地培养和发展自己——不过在此我并不想详细地讨论这个问题。

几年之前，有位非常著名的外科医生在意大利米兰创建了一座"科学教育学校"，他的目的是让意大利全国所有学校的教师都加入到这项新兴运动中，让整个教育界能够感受到这项运动所获得的发展。而这座学校在两三年的时间里就大获成功，产生了非同凡响的效果，意大利全国各个地区的教师纷纷前来，米兰市当局还向学校捐赠了很多优良的科学设备和仪器。事实上，这座学校在开始创建的时候就非常顺利，得到了很多人的大力支持，人们希望通过在这座学校所进行的实验，能够真正建立起一门"培养人的科学"。

这座学校之所以能够受到人们的热烈欢迎，很大程度上都是杰出的人类学家塞吉[①]的功劳，他为这座学校提供了热情的帮助和大力的支持。30多年以来，塞吉始终勤勤恳恳地在意大利提倡一种建立在教育基础之上的新理论。他说："目前，在我们生活的社会中，有一种极为迫切的需求，令全社会的人感到必须要重新确立一种教育方法。为了完成这项伟大的事业，我一直都在努力奋斗——为人类重获新生而奋斗。"他写了一本名为《教育与训练》的教育学著作，在这本书的讲稿摘要里面，塞吉鼓励大家和他一起推广这项新运动。他觉得，人们所期盼的人

---

① 塞吉（Giuseppe Sergi, 1841—1936），20世纪初意大利人类学家，他的地中海人种概念是20世纪初重要的种族理论。

类重获新生之路就是要将教育人类学和实验心理学作为指导，对受教育的人进行系统的分析和研究。

塞吉说："多年来，我始终在为建立一种指导和教育他人的理念而奋斗，对它的思考越深入，就越觉得它是正确而且有用的。我认为，要想建立一种科学而符合自然常理的教育方法，就一定要将人当作一个独立的个体来研究，同时要进行大量精准而又合理的观察，而且重点是观察这个人在儿童时期的情形，因为这恰好是他打下教育、文化基础的一个阶段。"

塞吉又说："对一个人的头部、身高等数据进行测量，这并不真正意味着我们是在建立一种新的教育学体系，不过它也指明了通往这一体系所应该坚持的方向。因为如果我们想要对一个人进行教育，就一定要对他有直接、明确的了解。"

塞吉本人所具备的名望足以令很多人相信：只要掌握了人类作为个体的知识，那么就可以很容易地获得教育人的技术。但是，就像经常出现的情况一样，塞吉的这一论调令他的信徒产生了思想上的混乱，一部分人只是根据字面的意思进行理解，而另一部分人则将这位大师的观点进行了夸大。这些人最大的问题是不知道对学生进行实验性研究和开展教育这二者之间到底有什么区别。他们觉得，既然对学生开展实验性研究是通向一条对学生进行科学教育的道路，那么在这种研究过后，对学生的教育自然也会得到合理的发展，因此他们将原本命名为教育人类学的学科直接命名为科学教育学。塞吉这批信徒高举着一面名为"传记表"（一种记载学生性格、健康状况、智力情况的表格）的旗帜，他们觉得只要在学校这片战场上牢固地树起这面旗帜，就一定能够取得胜利。

因此，这座所谓的采用科学教育学来开展教学工作的学校，其实只不过是负责指导学生的教师掌握了人体各项数据的测量方法，然后又采用了能够测量触觉的仪器来收集学生的各项心理学数据，他们觉得这样就能够建立起一支懂得科学教育学的最新型教师队伍。

需要说明的一点是，在这场关于教育学的革新中，意大利可以说是与时俱进，紧紧跟在了时代发展的脚步之后。另外，在英国、法国，尤其是美国，教育家们在小学里展开了人类学和心理教育学等方面的实验，希望通过人体测量学、心理测量学找到学校的再生之路。可是，几乎没有一个教师加入这方面的尝试性研究。大多数情况下，类似的实验都是由那些出于医学目的而非对教育感兴趣的外科医生来做的。一般情况下，他们往往会通过做实验来为心理学或人类学贡献力量，而通过实验以及对实验结果进行分析研究，然后创建人们长久以来所渴求的科学教育学，则不是他们的分内之事。对于这种情况，我们在进行简要总结时才能发现，人类学和心理学还没有向学校儿童教育的问题发力，而那些在学校里任教、受到过专业训练的教师也没有达到真正的科学家的水平。

其实，学校要想真正获得进步，就要在实践和思想两方面将现代的多种进步趋势融合起来。这种融合会将科学家们直接引到学校这个重要的领域中来，同时也能够将智力水平低劣的教师培养成真正的科学家。

为了让这个崇高的理想变成现实，在意大利，克里达罗创建了与教育学相关的大学，为了实现这个伟大的目标，他们付出了艰苦卓绝的努力。建这座学校的目的是为了提高教育学的地位，将它从以前那种从属于哲学的次要分支学科的地位，明确

◎ 1970 年意大利发行的纪念蒙台梭利诞辰一百周年的邮票

地提升为一门真正的科学——就像医学那样，拥有极为广泛、各种各样的研究领域。显然，教育人类学、教育卫生学和实验心理学、教育学都是密不可分的分支学科。

从取得的成就来说，在意大利——隆勃罗梭[①]、德·乔凡尼和塞吉这三位大师的祖国，是应该为本国在教育学研究方面所取得的杰出成就而感到骄傲的。事实上，这三位科学家也确实可以被视为新的人类学发展的奠基人：在犯罪人类学研究方面，隆勃罗梭可以说是独领风骚；在医学人类学领域，德·乔凡尼堪称领军人物；而塞吉则更是业内公认的教育人类学方面的泰山北斗。这三个人都是各自所在研究领域专家、学者所公认的权威人士，而且在科学界都发挥出了非常重要和杰出的作用。更加幸运的是，他们不但培养出了一大批敢想敢干的优秀学生，而且还向社会大众的脑袋里灌输了他们所提倡的科学再生的理念。

毫无疑问，所有这些成果都足以让我们的祖国意大利引以为傲。然而，我们今天在教育领域所开展的各种研究工作，其实都是为了全人类以及文明的发展。在这样一项伟大的事业面前，我们意识到，所有人只有一个祖国——全世界。在这样一项极为重要的事业中，所有为此做出贡献的人，即便只是进行了一些尝试、还没有获得成功，也值得文明世界中所有人的尊重。所以，在小学教师以及学校巡视员的共同努力下，意大利国内的各个城市里像雨后春笋般出现了很多科学教育学的学校和人类学实验室。虽然在它们还没有形成一定的规模前，人们便已经抛弃了它们，但是它们依然具有非常重要的价值，因为忠诚的信念一直在

---

① 隆勃罗梭（Cesare Lombroso，1835—1909），意大利犯罪学家、精神病学家，刑事人类学派的创始人。他摒弃古典学派认为犯罪源于人的自由意志和功利主义的理论，而是强调生理因素对犯罪的影响。他重视对罪犯的生理解剖的研究，比较研究精神病人和犯罪人的关系，从犯罪人和精神病人的颅相、体格等生理特征判断犯罪的倾向。他所提出的最有名的概念是"生来犯罪人"，亦称"天生犯罪人"。

激励着它们，理性的人们也因为它们而开启了一扇探索科学教育学的大门。

毋庸赘言，此类尝试性的研究还很不成熟，对于仍然处于发展阶段的新科学来说，人们的粗浅理解，是导致此类研究不成熟的重要原因。每一项事业，无论多么伟大，都是从不断的失败和不断的完善中诞生出来的。就这样，为了重建教育学，我们步入歧途，踏上了一条错误而狭窄的小路，假如我们想要一种真正的有生命力的教育方法，我们就必须掉头回去，从这条狭窄的小路走出来。

通过实验科学的方法来对教师进行培训并不是一件轻松和容易的事情。即便我们尽全力帮助他们用最准确的方法学会并掌握人体测量学和心理测量学，我们也只不过是制造出了一种新式的教学机器，但这些机器到底能够发挥什么用处，却很值得怀疑。事实上，假如我们根据这样一种模式来指导教师们开展实验，那我们就会一直滞留在理论范畴内。以前的学校用那些形而上学的哲学理论来培训教师，这其实是为了让教师们接受那些所谓的权威人士的思想。当讨论起这些权威的思想时，他们总是口若悬河、争辩不休；当阅读阐述这些权威思想的文字时，他们就会全神贯注、目不转睛。然而，我们心目中完美的科学教师不仅要熟悉那些教学仪器，而且还要掌握动手操作这些仪器的知识和能力。除此之外，还要对他们进行智力方面的培训——通过一系列典型的实验使他们学会一些必需的实验知识和技能，至少也要让他们知道如何通过简单的方法来做这些实验。

但即便完成了这些，他们仍然没有发生本质上的改变，因为最根本的变化不可能只通过外部技术的作用就能发生，更主要的还应该是通过人的内在精神的改变而发生。就目前来看，我们在培养新的教师的时候，还没有将他们完全引入科学实验的领域里，他们还在实验科学的大门外徘徊。我们并没有将他们引入最为卓越、最为深奥的科学实验研究领域——只有科学的实验，才能培养出真正的科学家。

那么，科学家究竟是什么呢？人们现在还没有给科学家下一个准确的定义，有的人在物理实验室擅长操作所有用来做实验的仪器设备，有的人擅长在化学实验室灵巧而又安全地处理各种化学反应，而有的人则擅长在生物实验室里通过显微镜去观察各种各样的生物标本，这些人也许都有资格被称作科学家。但实际上，实验技术真正熟练的往往不是科学家本人，而是他们的助手。在我看来，这些人也并不是真正意义上的科学家。那么到底什么样的人才能被称为真正的科学家呢？是那些采用实验方式去探索生命的奥秘、揭示生活的真谛，最终揭开了令人沉醉的神秘现象的面纱的人——他们从自己的内心深处情不自禁地生出了一种想要探索大自然奥秘的感觉，并且在这种特别强烈的情绪主导下变得无法自控——只有这样的人才是真正的科学家——他们不能只懂得熟练使用实验仪器，而应该是对大自然充满崇敬之情，而且仅仅从他的外部表现就能够看出他对大自然的狂热崇拜。真正的科学家应该是像欧洲中世纪的特拉普派苦行僧一样忘却世俗的人；应该是全身心扑在实验室里废寝忘食而且对衣食毫不讲究的人；应该是成年累月孜孜不倦地在显微镜下观察、研究以至于眼睛失明的人；应该是对科学怀着炽热情感而将结核病菌接种在自己身上的人；应该是为了尽快发现疾病传播途径而动手去触摸霍乱病人粪便的人；应该是明知某项化学实验可能会引发爆炸却依然冒着生命危险去验证自己理论的人。这些都是开展科学研究的人所应该具备的高贵品质。对于上述这些人，大自然乐意向他们展示自身各种神奇的奥秘，并将发现的大自然奥秘作为一种荣誉赏赐给他们，以作为对他们勤奋忘我工作的表彰。

相比于科学家的"机械技巧"，他们的"精神"显然更加重要。如果他们的"精神"能够战胜"机械技巧"，那么科学家也就能够达到自己成就的巅峰。一个科学家如果能够做到这些，那么他对于科学的贡献就不仅仅在于他将大自然的奥秘揭开并展现在世人面前，而且他还对纯粹的思想在哲学层面进行了总结。

我有一种观点，我们需要在教师群体中培养这种勇于为科学献身的精神——科学家精神，而不是简单、机械地培养教师操作实验仪器的技巧。换言之，对于教师的培养，重点和方向应当放在"精神"而不是"机械操作"上。例如，当我们在对教师进行科学方面的培训时，只是想着让他们学会一些技术，却根本没有尝试让他们变成优秀的人类学家、专业的实验心理学家或儿童卫生学家。那我们的工作其实只是为了将他们引到实验科学领域，使他们在某种程度上能够熟练操纵各种做实验用的仪器设备而已。我们希望与教师的专门领域——学校建立联系，来对他们进行指导，努力让他们发自内心地感受到科学的大门已经向他们敞开，他们可以拥有更加广阔、更加美好的前景和未来。也就是说，在很大程度上，我们希望从教育工作者的大脑和内心深处激发他们对于各种自然现象的强烈兴趣，从而能够让他们真正地喜欢大自然，他们由此可以理解一个人在准备进行实验并且渴望从实验中揭示某个问题时那种迫切的、充满期待的心情。

那些实验仪器就如同字母表，假如我们想真正地了解大自然，那就必须知道怎样操作和使用这些仪器。但是正像一部展示作者思想的伟大书籍一样，这份字母表里所有的字母只不过组成了一些外部符号或是文字，但大自然却通过实验的机械装置，在我们面前显示出了她那无穷无尽的奥秘。

就算剧本印刷得再清晰，也不会有人能够在只知道如何拼写课本里所有单词的情况下，就试图通过这种方法去读懂莎士比亚戏剧作品中那些词语的真正内涵。一个单纯地只知如何做实验的人，就如同那些在单词拼写课本中只知道如何拼写单词、只了解其表面含义的人一样。假如我们将教师的培训只局限在技术能力上，那他们最终也只能停留在技术层面，而无法掌握真正的科学知识。

我们一定要设法将他们培养成一个崇拜大自然并且愿意向他人进行传播和解释的人。他们一定要像那个学会了拼写单词的人一样，突然有一天发现自己还能够读懂莎士比亚、歌德、但丁等人作品中所隐藏的思想和深意。由此可见，二者之间是有巨大的区别的，如果想要达到后者的水平，那么前者依然还有很长的一段路要走。但是，我们却在这里犯下了一个很明显的错误。一个已经学会了拼写课本上全部单词的孩子会让我们产生他已经懂得怎样读书的印象。但实际上他只能认得商店门口的招牌、报纸的名称以及出现在他面前的每个单词，但他却不能理解字面背后的真正含义。假如这个孩子进入一座图书馆，他便会被假象所迷惑，觉得自己也能够读懂图书馆里的每本书籍，这是很正常的。但等到他真的开始读书时，他就会在很短的时间内觉察到自己其实"只懂得机械地解读字面的意思"，这实际上毫无用处，他还是得重新回到学校里去学习。我们通过讲授人体测量学、心理测量学来培养科学教育学教师的做法，情况也差不多。

我们暂且不谈培养真正的科学教育学教师时会遇到哪些困难。我们甚至不想去概括性地描述一个科学教育学教师的培训方案，因为这样做只会将我们引向一场根本不必要的争论之中。反过来，让我们进行一个假设——经过长期而又耐心的培训，我们已经让教师做好了开展自然观察的准备。例如，经过我们的引导，他们已经具备了研究自然科学的学者身上所具备的忘我精神——那些科学家可以在半夜的时候出发，进入森林和原野，去研究自己感兴趣的昆虫家族，并对那些昆虫很早就醒来并进行活动感到新奇。在这里我们以这样一个科学家来举例，虽然因为长途跋涉已经让他感到疲惫不堪，但他仍旧没有放松警惕，他毫不在意自己的身上沾的是烂泥还是灰尘，也不在意衣服已被雾水打湿或是正在受着炎热太阳的烘烤，而是全神贯注地隐藏自己的行踪，持续不断地观察昆虫。他希望在观察的同时，昆虫可以保持自然的状态。假设我们培训的教师们也达到了这位科学家的水平，但科学家却视而不见，仍然用显微镜观察着那些长着特殊纤毛的微生物。对这位科学家来说，这些生物用自己特有的方式来互相避让，并且用自己的方法去获得食物，它们的智力水平很低。后来，他使用电刺激的手段扰乱了微生物已经形成固定规律的生活，然后开始观察处在正、负极的两组微生物的情况。再进一步进行光刺激实验，他观察到一些微生物是怎样爬向光源，而另外一些微生物又是如何飞离光源的。这些情况令他在脑海里一直在思考一个问题：昆虫逃离和走近刺激物是否是因为同一种特性，这种特性就是它们知道互相避让或是如何选择食物——换言之，它们对刺激物的不同反应是不是因为它们只是单纯的意识迟钝，而不是具有磁铁一样的同性相斥、异性相吸的特点呢？假设这位科学家发现这一现象的时间已经到了下午四点钟，此时他仍然没有吃午饭，但等到他发现自己一直待在实验室里而不是在家里的时候，他仍然会觉得非常高兴。其实，早在几个小时以前，就有一些教师曾经来叫他回家去吃饭，因此打断了他那全神贯注的观察。

试想一下，如果这位教师没有通过科学训练便已经具备了这样的观察自然现象的兴趣，在工作的时候达到了这种忘我、痴迷的状态。这固然是很好的，但却仍然是不够的。因为教师的工作毕竟不是观察昆虫或者细菌，他应该明白，真正需要他去观察的对象是人。他要研究的不是人在日常生活中所表现出来的行为习惯，也不能像那位研究昆虫家族的科学家一样，早晨一睡醒就开始对昆虫的活动进行观察，教师应该研究的是人在清醒状态下的智力活动。

我们希望教师能够培养自己对于人类的研究兴趣，这种研究兴趣一定要具备如下几个特征：观察和被观察的两方应该有着亲密的关系——研究动物或植物的科学家与他的研究对象之间则不具备这种亲密关系。

一个科学家如果不具备自我牺牲精神，便不会热爱他所从事的研究工作。从世界观的角度来说，这种自我牺牲精神有时需要为自己所热衷的事业付出生命的代价，这甚至跟殉道没有什么区别。

可是，人与人之间的爱是一件非常亲切的事情。它如此纯朴，可以说无时无处不在。每个人都拥有这样的爱，这并非那些受过教育的知识分子所拥有的特权。

让我们举一个例子来说明教师的心理。你可以在自己的脑海中试着想象出这样一个人，他是一位植物学家或动物学家，拥有技术观察或实践的经验；他为了研究某种真菌而亲自到野外进行观察，而这种真菌的最大"天赋"则一直存在于原始环境之中。在野外经过了精心的观察以后，这位科学家又回到了实验室，依靠显微镜和其他的实验仪器，尽量详细地继续开展自己的独创性研究工作。事实上，作为一名真正的科学家，他了解研究大自然的重要意义。为了进行本次实验研究，他熟练掌握了现代实验科学所需要的一切工具和手段。

假设这位科学家由于做出了巨大的独创性贡献，被一所大学任命为科学部主席，他的工作就是对膜翅目昆虫继续开展独创性研究。当他成为科学部主席之后，有一个人拿着一个盖着玻璃盖子的盒子让他看，盒子里装着很多美丽的蝴蝶，每只蝴蝶的翅膀张开，被大头针固定住，做成了标本。那么，这位科学家或许就会这样说——这只不过是孩子们的玩意儿，并不是科学研究中真正需要用到的东西。

更准确地说，他觉得盒子里的蝴蝶标本更像是孩子们游戏生活中的一个组成部分，孩子们追逐蝴蝶，然后网住了它们。如果用蝴蝶标本来进行研究的话，那么这位科学家就无法取得任何成就，也无法得到任何对自己的实验有用的结果和数据。

假如我们将一位已经按照我们的要求接受过各种科学培训的教师安置到一所公立学校，那么他仍然会遇到类似我们上面所说的那位科学家遇到的情形。因为孩子们在公立学校里所受的约束极为严格，不能无拘无束、自由自在地展示自己的个性和特点，有时简直就像死人一样。在这样的学校里面，孩子们与标本盒子里被大头针钉住的蝴蝶有什么区别呢？他们只不过是被固定在了属于每个人的位置——课桌旁边，不停地扑棱着自己的翅膀——那些枯燥乏味、没有任何意义的知识已经让他们失去了振翅高飞的力量。

光是让教师们在科学精神方面做好准备也是不够的，我们还必须要让他们进入好的学校，这样才可以让他们开展科学观察和科学实验活动。假如在学校能够诞生科学教育学，那么就必须建立在一个基础之上——学校要放松对儿童的约束，允许他们自由自在地展现每个人的特性。这才是根本上的改革。

目前在我们的学校中是否已经产生了这种科学教育学，这个问题没有人敢回答。有些教师受到卢梭教育思想的启发，呼吁学校将自由还给孩子们，并且提出了一些完全不现实的想法或者是含糊不清的愿望，这一点是事实。可是，对教育工作者来说，他们其实并没有弄清到底什么样的自由才是真正的自由。他们总是将鼓励人们起来反抗奴隶制度的那种自由，还有社会自由，和我们所要说的真正的自由混为一谈。尽管从思想上来说社会自由更崇高一些，但它也无法避免地受到了更多的限制。"社会自由"就如同雅各在梦里所见到的天梯中的第一级。换言之，它只是代表了不完整的自由，一部分的解放，这种解放属于某个国家、某个阶级或某种思想。

但是，教育学所说的自由在范围上要更宽。当我们拥有了一种研究生命的手段——例如19世纪的生物科学，这种自由就很好地在我们面前展示了出来。所以，就算以前的教育学已经预见或是含糊地表达出了一种观点：在对学生进行教育之前，首先要对他们的个性进行研究，并且让他们充分地、自由地展现出自己的个性，但这也只是因为上个世纪诞生了实验科学，才让这一切变得切实可行。在此，我们并非要对这个问题展开辩论，只是想阐明这种观点。假如有人说今天在我们的教育学中已经拥有了自由的原则，我们便会嘲笑他，觉得他就像一个小孩子，站在那个装有蝴蝶标本的盒子面前，非要说蝴蝶还活着、还能飞一样。那种奴隶制的教育思想自始至终都充斥在教育学之中，所以，在学校里同样也充斥着奴隶制那令人受到束缚的思想。只需用一件事作为例证——学校将学生的桌椅固定住了。

还有一个非常明显的例子，可以证明早期那种唯物主义科学教育学的思想有多么荒谬。凭借错误的热情和劲头，这种思想搬运着缺乏科学依据的石头，想要修复学校那坍塌已久的断壁残垣。起初，学校只有一些又窄又长的桌椅，学生们只能挤着坐在一起。后来由于科学的到来，使这些桌椅得到了改善。在这项改进工作中，最新的人类学发挥了非常大的作用。在安排学生的座位时，学校对他们的年龄、身高进行了考虑，因此按照合适的高度对他们的座位进行了安排，同时还精确地计算了学生座位与课桌之间的距离，从而使学生听课时能够保持腰背挺直的姿势，为的是预防学生们的脊柱弯曲变形。后来，学校又将学生的座位一个个隔离开来，认真计算了课桌和座位之间的宽度，这就导致每个座位只能勉勉强强地坐下一个人，学生根本无法伸展自己的身体。这样做的目的是将学生与邻桌隔开，让学生坐着不能动，而且能够被教师看见——因为这样做的另一个目的是防止不道德行为在教室出现。

在教育活动中，只要一谈及性道德方面的准则，就会被社会上的人们认为是一种可耻的行为，我们还能对学校这种谨慎的做法说什么呢？我们担心孩子们纯真的心灵会受到玷污，但却将科学引向了这样一种虚伪的形式，使之成为"虚构事实的机器"。不但如此，这种科学还打着"热心助人"的幌子，做出了更加过分的事情，在付出了限制学生自由的代价之后，对学生的桌椅进行改良，使孩子们的自由受到了最大程度的限制——只要让孩子们坐着不动，就可以约束他们的每一个动作。

一切都是这么安排的，一旦孩子坐到了自己的座位，课桌和椅子就会迫使他保持那种挺直的姿势——学校认为这是一种舒适的有利于孩子身体健康的坐姿。每个学生的座位、脚凳和课桌的位置都被精心地安排好了，以至于孩子们在学习的时候都无法伸展自己的身体，只能专心致志地去做自己的功课，那点有限的空间只能让孩子把身体挺直地坐在那里。教室里的课桌和板凳就是通过这种方式向着完美的方向发展的，每个崇拜科学教育学的人都能够设计出一种符合科学原理、具有示范作用的课桌。很多国家都对本国设计的"民族课桌"感到极其骄傲——在课桌不断创新发展的激烈竞争中，这些各式各样的课桌甚至申请了专利。

毋庸置疑，这些桌椅的制作肯定符合一定的科学依据。在身体和年龄数据的测量和诊断时会用到人类学，在对人体肌肉组织的运动进行研究时会用到生理学，在对直觉反应进行考察时会用到心理学。最关键的是，学校在为了防止学生脊椎骨发生弯曲而做出巨大努力时用到了卫生学。这些桌椅确实是学校依据人类学对儿童进行了细致的研究之后才制作出来的，但这也正是我们机械地照搬科学并将其应用于学校和教育的一个实例。

我有一种预感，不久之后我们就会对学校这种做法感到非常震惊。很难理解，人们在普遍关注婴儿卫生学、人类学、社会学以及研究人类如何在思想上取得综合进步的时候，竟然没有及时发现学生课桌这种根本性的错误。如果我们能够注意到，近年来差不多每个国家都开展了各种各样保护儿童的运动，这也必将导致我们对此事感到更大的惊奇。

我认为，用不了多长时间，人们便不会再相信对这些科学桌椅的描述，或许人们会怀着强烈的好奇心去看看和摸一摸这些预防学生脊椎弯曲的桌椅。

这些科学桌椅的诞生表明学生们受到了一种制度的束缚，尽管他们天生身体强壮、腰杆挺直，也要继续受这样的束缚。殊不知，这样的束缚反而可能会让他们驼背！从生物学的角度来看，脊柱是人体骨骼中最基本、最主要、最古老的一部分，更是我们身体中最坚韧的一部分——远古时期，当人类与沙漠里的雄狮决斗时、当他们打败了猛犸象时、当他们开采出坚硬的岩石以及为了使用方便而铸造铁器时，由于与外界的殊死搏斗而让强壮的脊柱变得非常坚固，现在居然因为学校的沉重枷锁的束缚而让脊柱被压弯——再也不具备抗拒压力的能力了。

更加令人难以理解的是，目前正在全世界蓬勃开展起来的社会解放运动竟然没能让那些发明所谓科学桌椅的人得到任何的启示，这些桌椅竟然还在学校充当把学生当成奴隶，束缚和抑制学生发展的工具。这个时代，其实就是劳动人民从不公正的枷锁下求得解放的年代。

很明显，社会生活中的各个方面都展现出了向社会自由发展的良好趋势。民间政治团体的领导人将社会自由作为口号，代表劳苦大众反复呼吁，要求拥有这种自由，科学出版物和社会主义出版物也表达了同样的呼声，报纸、杂志里全是类似的文章。工人虽然吃不饱，但他们却不是要求获得滋补品，而是要求改善自己的经济条件来预防营养不良状况的发生。矿工们每天都要弯着腰工作很长时间，因此他的腹股沟很容易破裂，但他们并没有要求为自己的腹部配备什么支撑物，为了能够像其他人一样过上健康快乐的生活，他们的要求是减少工作时间、改善工作条件。

同样是处于这样的社会发展阶段，当我们发现孩子们在学校的学习条件很不卫生，甚至已经妨碍了他们的正常发育——导致脊柱发生变形的时候，对于这种糟糕的情况，我们的应对办法却是设计出一种科学的桌椅，用来矫正他们变形的脊柱。这种做法极端错误，几乎就像是给矿工提供腹部支架或是给饥饿的工人提供毒药一样。

不久之前，有一位觉得我对学校的所有科学革新持赞同和支持态度的女士，扬扬得意地在我面前展示了一种可以被称为保护架或支架的学生用的装置。作为这个装置的发明者，她觉得这种装置完全可以代替学生的桌椅。

在外科医学上，还有其他的手段可以治疗脊椎弯曲。在这里或许我应该提一下整形仪器、支架以及定期将孩子挂起来的"悬挂疗法"。这种疗法是通过将孩子的头或者胳膊在一定的时间内悬挂起来，以便让孩子的身体伸直并矫正他的脊柱。在如今的学校里面，这种像课桌一样形状的整形装置很受欢迎，有人甚至提出了用支架来做脊柱支护的建议——这种整形措施可以说是更进一步了。

所有这些都是我们在已经颓废的学校里推广科学方法时所产生的必然结果。很明显，真正合理的防止学生脊柱变形弯曲的方法是改变学生们错误的学习方式，不要再强迫他们每天从早到晚长时间保持那种有害的学习姿势。孩子们最需要学校做的是给他们自由，而不是对桌椅的结构进行改良。

就算这种固定的座位对孩子的身体发育是有利的，但由于它们不能搬动，所以打扫卫生时很难彻底将教室打扫干净，这就导致教室的环境变得既危险又不卫生。因为学生的脚凳是固定的，所以他们白天从街道上沾染在脚上的灰尘很快就会在脚凳下面堆满。现在，人们在家里用的家具都已经发生了很大的改变——更加简单和轻便，这样的话人们便能够轻松地移开它们，扫去附在上面的灰尘，有些家具甚至可以用水清洗。可是，学校却依然顽固不化，对社会大环境的转变视而不见，还在坚持错误的做法。

这就迫使我们必须做出进一步的思考，孩子们在这样人为造成的受束缚的环境下成长，以至于连骨骼都变形了，他们的精神世界又是什么样的呢？当我们谈到对工人进行补偿的时候，人们往往都会觉得应该帮助工人解除贫血、疝气以及类似的痛苦。可事实上呢，除了这些痛苦之外，他们还有别的伤口，比如他们那正遭受奴隶一样的束缚以及饱受折磨的痛苦心灵。当我们说一定要给工人更多的自由并以此补偿他们的时候，我们所指的就是要消除他们在心灵上所受的折磨。我们都明白，当一个人已经耗尽心血或是他因为长时间工作而变得饥饿难耐时，他的心灵就会受到黑暗的压抑，这个人也会变得麻木，他的内心甚至早就被摧毁了。奴隶在道德上的堕落成为人类进步的沉重负担，人类想要奋力向前，就要彻底甩掉这样的包袱，卸下这样的精神负担。因此，我们的呐喊是为了拯救人们的灵魂，而不是为了拯救他们的肉体。

那么，在面对儿童教育问题的时候，我们又该说些什么呢？对于教师的窘境，我们其实很清楚。上课时，她要在学生的脑子里强行灌输很多枯燥无趣、残缺不全的知识。为了完成这个无聊且乏味的任务，她觉得有必要对自己的学生进行约束，比如让他们在座位上一动也不能动，然后强制命令他们认真听讲——对教师来说，奖赏和惩罚就是一种现成而有效的辅助手段。

现在的学校，奖赏已经变得不再那么重要，而废除殴打、鞭笞等惩罚却变得非常重要，人们都觉得这是正确的做法，这些局部性的改革措施也获得了科学的认可。奖赏和惩罚是另外一种意义上的支撑物，颓废的学校需要它们来支撑。假如我可以表达自己的意见，我觉得这些奖赏和惩罚就像是灵魂的桌椅，是奴隶制从精神上压迫人类的一种工具。但是，在学校里，它们不但没有使学生身体的畸变减轻，反而使这种畸变加重了。就算通过奖赏和惩罚的手段达到了让学生努力学习的目的，这样的学生也会被认为是被强迫的。我们从来都不敢肯定地说，孩子的自然发展与奖赏、惩罚有什么关系。以赛马为职业的骑手在上马之前会给马喂一块糖果，马车夫为了让拉车的马对缰绳发出的信号有所反应而鞭打自己的马。但是，无论是哪一种情况，这两种马都无法与田野中自由驰骋的骏马相比，更不会像骏马一样跑出那么雄壮的气势。

那么，在教育学生的时候，我们应该给学生戴上枷锁吗？的确，我们通常都会说，社会的人就是戴着枷锁的自然人。可是，如果我们能够把自己的视野再拓宽一些，看看社会上道德的进步已经到了什么样的程度，我们就会发现，这种枷锁正在逐渐放松。换言之，我们可以看到自然或生命正在慢慢走向成功。仆人的枷锁取代了奴隶的枷锁，而工人的枷锁又取代了仆人的枷锁。

包括女性奴隶在内的所有奴隶制形式正在日渐削弱和消失。对人类来说，文明的历史其实是一部征服与解放的历史。我们应该问问自己，我们现在所处的文明到底发展到了哪个阶段。我们还要躬身自省，人类文明的进步必须依靠奖赏和惩罚的激励吗？假如我们已然经过了这个阶段，却仍然在应用一种落后的教育方式，那么势必就会将新的一代人拉回到较低的文明水平，而不是引领他们进入真正先进的优良传统之中。

在社会上，有些情况与学校这种情况极为类似。职员们每日辛勤工作，为国家创造了利益，可是他们却并未感觉到或是亲眼见到自己的工作成果——没有得到任何形式的奖赏或者酬劳。也就是说，他们并不知道政府是靠着他们的日常工作才得以正常运转的，而且整个国家也都是因为他们的工作才受益的。他们获得的最直接好处就是晋升职务，就像低年级学生会变成高年级学生一样。一个无法认清自己真正工作目标的人，就如同学校里被降级的小孩一样，进入了一个低于自己真实水平的班级里。他的人格尊严因此受到了贬低，就如同一台只能靠加油才会运转的机器。所有的烦琐事务——希望被授予勋章、奖章等，都不过是一种人工刺激手段，这些手段只能短暂照亮一个人走过的黑暗、荒凉的小径。

我们在奖励学校里的儿童时，采用的就是同样的方式。学生因为害怕无法升入高年级而刻苦读书，职员们则害怕无法得到升迁而被迫不敢离开目前的工作岗位，这就让他们受到了枯燥乏味的工作的束缚。上级对职员的指责就像老师训斥学生一样。指出职员糟糕的工作并提出修改意见，与老师给学生拙劣的作文评一个很低的分数差不多，二者甚至可以说是完全相同的。

可是，倘若政府各级行政部门不能以一种看上去能够令国家强大的方式来运行，而且贪污腐败的行径四处横行，那职员内心所追求的真正伟大的含义也将不复存在，而他的视野也只会局限于那些零碎的小事情——比如他认为可以当作奖赏和惩罚的直接依据的东西。一个国家之所以能够屹立不倒，就在于它有很多清廉正直的雇员抵制贪污腐败，并且始终遵守不可更改的诚实守信的原则。就像这个社会里的生命在战胜了死亡和贫困之后，继续对新的困难展开征服一样，自由的天性能够征服每一个障碍，不断取得新的胜利。

这种力量是每个人都具有的生命之力，它总是潜伏在人的内心深处，但这也正是推动世界不断向前迈进的一种力量。然而，一个真正的人为了完成自己的工作，一个真正能够做出伟大之事并获得成功的人，从来都不会靠那些"奖赏"，更不会害怕遭受"惩罚"而激励自己努力工作。如果发生了战争，有一支伟大的由巨人组成的军队和一群并不盼着获得奖章、升迁、肩章或是害怕自己被射杀、充满了爱国精神的矮人去交战，那么也必将是后者取得胜利。在一支军队里，如果真正的英雄主义已经消逝，那么奖赏和惩罚能够发挥的作用就只是让人们去做一些颓废的工作，并慢慢走向腐败和怯懦。

正是由于具有精神动力，人类才能不断取得胜利和进步。

假如一个青年能够靠着兴趣来激励自己学习，将医学作为自己的天职，那么他也就有了成为一名伟大医生的可能。但是，假如他做某项工作只是为了获得遗产或是令自己满意的婚姻，又或是为了得到物质上的利益而工作，那么这个人永远也不可能成为真正的大师，不可能成为伟大的医生。这个世界也永远都不会因为他的工作而进步。一个只能够通过利益驱使才去工作的人，永远都不会成为一名优秀的内科医生。每个人都有一种独特的脾气、独特的天职，奖赏制度却有可能使一个人的天职发生变化，甚至会让他选择一条对他来说没有任何意义的错误道路，并且迫使他沿着这条路继续走下去，人类的自然活动也许会因此被扭曲、降低，甚至是消除。

当然，确实也有一种对人类的外部奖赏存在着。例如，一个演讲者看到台下听众的表情正在随着自己所唤起的感情不断发生着变化，他就会觉得自己正在经历一件很美妙的事，这时他的情感就只有强烈的快乐感，这让他觉得听众对他是非常喜欢的。而我们的欢乐来源也正是感动别人、让他们的灵魂被征服，这种奖励能够给我们带来真正的补偿。

有时候，在某些短暂的瞬间，我们也会幻想自己变成世界上一位伟大的人物。这个人得到的那些幸福时光让他觉得自己可以继续平静地生活。也许是由于我们获得了别人的喜欢，或许是由于有个孩子给我们送了一件礼物，在某些时候，我们觉得世界上没有其他人会比我们更伟大。那时，假如有人被奉为权威人士，并且站出来为我们颁发奖牌或是奖赏，那么他其实是最大程度地破坏了我们所得到的真正奖赏。

对正常人来说，他的心灵会因为心情舒畅而趋于完美，而惩罚则通常被认为是对人的束缚。或许惩罚会让那些在邪恶环境里长大的人变得更加品行低劣，但是这只是极少数的情况，这个社会因为他们的影响而停止前进。假如我们无法老实地遵守法律为我们制定的条条框框，那么刑法就成为对我们的惩罚。但是，我们却不会因为害怕法律的制裁而变得老实起来。我们为什么没有去抢劫、杀人？因为我们是热爱和平的人，我们的生命自然而然地引导着我们向好的方向发展，而那些低劣、邪恶的行径，生命则明确地让我们离得越远越好。

假如不去深入思考与这个问题有关的道德因素以及纯哲学观点，那我们就能够非常肯定地说，假如一个人在犯罪前就知道存在着惩罚，那么他一定能够感觉到刑法对他的震慑。他了解刑法或是被教唆犯了罪，他觉得自己可以逃脱法律的制裁。他的脑海中也不断进行着犯罪或受惩罚的斗争。不管刑法是否可以有效地阻止犯罪的发生，但是毋庸置疑，它是为很有限的那一类人而制定的——罪犯。绝大部分的市民都是老实人，他们才没有时间去考虑法律的制裁。

对一个正常人而言，真正的惩罚是不能意识到个人的力量有多么伟大，这是一个人精神生活的源泉。在这样的情况下，教育是能够对人有所帮助的。

现在，我们让学生到学校里去学习，用那些工具——桌椅、物质方面的奖赏和惩罚，来限制学生们的活动，并损害他们的身心健康。我们的目标是为了让他们坐着不动并且保持安静，但这又能够将他们引向哪里呢？反正不可能将他们引向正确的目标。

对于儿童，我们的教育，总是将学校安排好的知识内容灌输给他们。这些教育的内容通常是官方的教育部门计划和编制好的，法律会强制教师将这些内容教给学生。

唉！学生们的心里因此而滋生了那种迟钝无知、漠视生活的情感。对此，我们应该羞愧地低下头，再用双手把内疚的脸捂住！

塞吉诚恳地说："当今社会迫切地需要对教育和教学方法进行重新改造。那些为了这项事业而努力奋斗的人，其实是在为人类的重生而奋斗。"

第二篇
蒙台梭利教育方法的由来

　　我感受到了这样一种启示，一开始对孩子进行教育的时候，老师一定要将自己的声音和教具结合起来，以此来呼唤、诱导孩子。不论是遭受了不幸的孩子，还是不开心的孩子，都要尊重他们、热爱他们。因为当别人靠近他们时，能够将他们的热情点燃。

　　要想建立一套科学的教育学体系，就必须另辟蹊径——寻找一条与以前的教育学完全不同的路。学校的转变和教师的培训两项工作是必须要同时进行的。要让教师变成一个观察者，让她熟悉各种做实验的方法，而且要让她到学校里去观察和做实验。在科学教育学中，一个最基本的原理就是学生可以获得充分的自由，即允许儿童个性得到发展，让他们在展露个性的时候不会受到任何的阻碍。假如这门新的学科需要对儿童的个体开展研究，那么它所选择的观察的对象就必须是那些自由自在、无拘无束的儿童。

　　实验科学的每一个分支学科，最终都会形成一种方法并将它应用于自身。细菌学这门科学就是采用了隔离方法对细菌进行研究，而由于人们将人类学的研究方法应用于诸如罪犯、精神病人、临床患者和学者等各式各样的人身上，才取得了犯罪人类学、医学人类学、教育人类学方面的进步。所以，从出发点来看，实验心理学需要对实验过程中用到的技术做出精准的定义，然后在实验科学的具体实践中获得准确的结论，这种结论只能通过实验获得，这一点是很重要的。而且在对实验进行阐述时，实验科学还有一个重要特征——它绝对不会带着任何成见去导出一个最终的实验结论。举个例子，人的大脑与智力的差异有着非常密切的关系，假如我们想要对大脑的情况进行研究，那么在进行实验的时候就一定要具备如下条件：在对被研究者进行测试的时候，不能对其中最聪明的人和最迟钝的人带有丝毫的偏见。如果认为一个人是聪明人，他的大脑肯定就发育得完善，那么这种先入为主的看法就会在很大程度上对研究结果产生影响。因此，如果我们想要采用实验心理学的方法，那么做实验的这个人首先要做的就是丢掉此前的所有信念，去除所有成见。换言之，千万不能有任何的教条思想——在儿童心理学方面，我们也许就存在这样的问题。因此，我们应该抛弃已经存在的教条思想，尽可能地让孩子获得完全的自由。要想通过观察孩子的自然行为来获取一些有用的结果，而且这些结果有助于我们创建真正符合科学精神的儿童教育学，我们就必须将自己脑子里所有的教条思想全都丢掉。

只有不断地通过实验的方法来战胜各种偏见，才能构建起儿童教育学和儿童心理学的科学内容。

所以，我们所需要解决的问题是，建立一套非常适合实验教育学的方法，这套方法不能是其他实验科学中已经使用的方法。科学教育学处在人类学、卫生学和心理学的包围圈之内，尽管它将自己的研究范围局限在受教育的个体上，所做的也都是一些特殊的研究，但它却用到了上述三个学科的部分技术、方法和特性，这的确是事实。目前的研究工作有一部分与实验教育学所采用的方法有关，这是我在"儿童之家"工作的两年间通过不断总结经验得出的结果。在这种研究方法上，我只是抛砖引玉，将它用来研究3—6岁儿童的教育。我相信这些试验性的研究能够在这项工作的后续研究过程中为人们提供有益的启示——它们确实提供了一些让人吃惊的研究结论。

其实，经验在我们的教育体系中具有非常显著的作用，这一点已经被证实了。尽管到目前为止，教育体系还没有完全建立起来，而且还很不完善，在从小学一年级开始就对孩子们进行管理和教育的学校里，这一体系还不能完全应用。

还有，我说自己目前的研究成果来自过去两年我在"儿童之家"的工作经验，或许这句话不太确切。事实上，这种教育体系的使用由来已久，我们需要记住的是，它源于以前对特殊儿童的教育，从中获得的实践经验，展现出了人们为探索科学的教育体系所付出的长久的努力。

大约 15 年之前，那时的我在罗马大学的精神病治疗诊所担任助理医生，因此经常有机会进出精神病院，开展精神病方面的研究并且为诊所挑选合适的精神病人作为研究对象。由于这项工作，我开始对智障儿童产生了兴趣，当时他们还在普通的精神病医院进行治疗。当时甲状腺器官疗法已经非常发达，这使得外科医生注意到了那些身体有缺陷的儿童。在完成了医院的日常工作之后，我也将自己的注意力转移到了这一方面。

就这样，我怀着极大的兴趣开始研究智障儿童。我深入钻研了爱德华·塞昆的教育理念和方法，针对这些不幸的儿童，设计出了一些特殊的教育方法，并总结了这套教育方法的核心思想。"教育疗法"对耳聋、智障、佝偻、中风之类的精神性疾病有着非常显著的疗效，在外科医生中间，这种思想也开始广泛流行起来。人们觉得在治病时一定要将教育学和医学两种方式结合起来。这种观点的产生，可以说是时代进步的结果。由于这种思想倾向的影响，采用体育锻炼来干预疾病治疗的方法也逐渐流行开来。但是我与同行们在观点上的不同之处在于，我觉得一个智力有缺陷的人应该解决的是教育问题，而非医学上的问题。人们在如何对智障儿童进行研究和教育的医学研讨大会上已经发表了大量不同的观点。1898 年，在都灵举办的一场教育学大会上，我做了一场演讲，题目是"精神教育"，阐述了一种全新的观点。我认为，有一根正在振动的琴弦再次被拨动，在教师和外科医生中间，这一观点产生了很大的反响，它也因为给学校提出了一个非常有趣的问题而被迅速传播开来。

盖都·巴克西里——我的导师，伟大的教育部长，曾经来拜访我，并请我给罗马大学的教师们讲一讲如何针对智障儿童进行教育。然后我又在州立行为心理学学校——我在这里已经做了两年多的管理工作，开设了一门关于智障儿童的教育课程。

在这所学校，我每天都会给孩子们上课。在小学里，他们被认为是头脑愚钝、无药可治的学生。后来，慈善机构帮助我们成立了一所医学教育学院，除了接收公立学校的孩子之外，罗马所有精神病院里正在接受治疗的智障儿童也都被我们接收了。

在同事的帮助下，我用两年的时间设计出了一种特别的方法，帮助罗马的教师们对智障儿童进行观察和教育。我不但要培训教师，而且还有更重要的工作——为了研究这种方法，我还在巴黎、伦敦待了一段时间，然后我就开始全身心地投入到儿童教育的具体工作中。

从某种角度说，我就是一位小学教师，因为我从上午8点到晚上7点要一直不间断地给孩子们讲课。这两年的实践也让我在教育学方面获得了第一个学位，其实这也是我获得的第一个真正的学位。在我刚开始从事这项工作的时候，我就觉得我所采用的方法在智障儿童的教育方面确实有着明显的不同之处。我坚持认为，与人们目前正在使用的教育方法相比，我的教育方法在原理上更加合理，通过这一方法的采用，儿童低下的智力可以获得进步与发展。我在这一方面投入的感情极为深厚，甚至进入我的内心深处，当我为了探寻更好的教育智障儿童的方法而离开这所学校之后，这种情感几乎全部控制了我的思想。我渐渐产生了一个坚定的信念，如果将同样的方法用在正常儿童的身上，它们就会在发展和解放儿童天性方面展现出神奇的、令人不可思议的效果。

自此之后，我就开始对矫正教育学展开了真正的、详尽的研究，希望对正常的儿童进行教育学及原理方面的研究。因此我还在大学哲学系注册成为一名学生。虽然我不确定能否让自己的想法得到验证，但在这样一种伟大信念的鼓舞下，为了深挖、拓展这种思想，我放下了其他所有工作。为了完成这项结果未知的工作，我几乎已经做好了全部的思想准备。

法国大革命时期，一位外科医生——伊塔德的工作成为智障儿童教育方法的源头，那位外科医生取得了在医学史上非常显赫的成就，他是医学上一个重要分支学科——耳科的奠基者。他也是首位尝试对人的听觉进行教育的医生。他曾经在巴黎的一个由佩雷拉创建的聋哑人机构开展实验，并成功地让那些还没有完全失去听力的人重新听清声音。后来，他又花了8年的时间来照顾一个智障男孩，这个孩子被众人称为"阿威龙野孩"。在治疗耳病方面，他的方法产生了很好的成效，他还将这些方法进行了拓展，用于治疗人体所有的感知官能缺失。

在教育学方面，伊塔德写了很多非常有趣的著作，其中详细地描述了他在教育方面的经验和成果，所有读过这些著作的读者都必须承认，这些教育的成果与经验可能是最早的对于实验心理学所开展的尝试。不过，真正完整地建立起智障儿童教育体系的人却是爱德华·塞昆。他原先是一名教师，后来做了外科医生。他在伊塔德的教育理论和经验的基础上，对精神病院的智障儿童进行了长达10年的钻研，并将研究成果在巴黎的鲁·皮加勒的一所小学中进行应用。1846年，巴黎出版了他的著作《智障儿童教育中的心理卫生治疗》，书中首次阐述了这一教育方法。后来，塞昆移民美国并在那里创办了很多用于教育智障儿童的机构。在对自己20年的工作经验进行了系统的总结之后，为了更加详细地阐述自己的教育方法与理论，塞昆又出版了这本书的第二版。

第二版在标题上与第一版完全不一样——《智障儿童及其生理学方法治疗》。1886 年，这本书在纽约正式出版。塞昆在书中详细地阐述了自己的教育理念，并将他的教育方法命名为生理学方法。在这本书中，这种方法不只是"智障儿童教育"的方法，而且采用心理学的方法对智障儿童进行治疗。

我还在精神病诊所当医生助手的时候，就抱着极大的兴趣读了爱德华·塞昆这本书的法文版。20 年后，它的英文版才在美国纽约出版。其实，虽然这本书是用英文出版的，但它在英国却并不怎么出名，这让我意识到人们对塞昆的教育体系并未真正理解。事实上，尽管所有与智障儿童教育相关的机构、著作都在不断地引用塞昆的著作和方法，可是它们所说的却都是南辕北辙、词不达意。

我发现，教育智障儿童的方法和教育正常儿童的方法，或多或少都有一些相似之处。尤其是德国，尽管在智障儿童学校的教育博物馆里，特殊的教学仪器摆放得四处都是，但它们却很少被使用。这个国家的教育工作者始终坚持采用教育正常儿童的方法来教育智障儿童。

我曾经在比色特待过一段时间，看见那个地方的老师手里虽然也拿着由塞昆编著的法语课本，可他们却只采用了他的教学工具，却没有用他的教育方法。他们采取纯粹的机械式方法开展教学活动，每位教师只是严格根据字面的意思去执行相关的规章制度。但是，包括伦敦和巴黎在内，在我曾经待过的所有地方，我所渴求的那种新的教育方式和经验不过是一种幻想罢了。

在研究了欧洲所有的教育方法之后，我来到罗马，从事了两年的智障儿童教育工作，不仅按照塞昆书里所说的方法开展教学工作，而且从伊塔德有名的实验里获得了很多的帮助。

在塞昆和伊塔德的精神的指引下，我制作出了大量不同样式的教学工具。可以说，不管在什么样的教育机构里，我都从来没见过这么丰富和完善的教学仪器。在那些懂得如何运用这些工具的人手里，它们是那样的有效、那样的出色。

我可以理解那些教育智障儿童的老师为什么总是会垂头丧气，也能明白为什么他们会在很多情况下选择放弃这种教育方法。人们觉得教师应当将自己和学生放在同样的位置，这样的偏见将教育智障儿童的教师贬低成了一种没有感情的人。他觉得自己教育的学生是一个智能低下的人，而正是由于这样的原因，他才没有取得成功。那些老师总是靠着游戏或一些愚蠢的故事尝试把自己和智障儿童放在同样的地位，以此来让自己与智障儿童更加亲近。我要求这些老师要懂得如何去唤醒在孩子心里潜伏着的真正的自我。我敢肯定，教学仪器绝对做不到这一点，我们要呼吁并鼓励老师们去使用这些教学仪器，通过这些仪器的使用来唤醒和教育孩子们。在我工作期间，对这些不幸的孩子的关切以及怎样让这些智障孩子觉醒的方法，都对我产生了很深的影响。

塞昆在这个问题上的看法跟我是一致的。在对塞昆那些带有试验性质的工作进行研究之后，我非常清楚地明白了一点，他使用的第一种教学工具其实是一种心灵的工具。事实上，他曾经简要介绍过自己的研究工作，并将其写在了那本法语著作的结尾。塞昆说，假如教师在学校的教育工作中没有做好准备，那他所建立起来的一切就将失传或是失去任何作用。对于那些教育和培训智障儿童的老师，塞昆有一种特别的期待，他要求每一个老师们看上去都很和善，声音很好听，老师对于自己的容貌的每个细节也要十分注意——要尽最大的努力让自己变得更加迷人。塞昆说，老师们必须要让自己的举止、声音、相貌具有强大的吸引力，因为他们要做的就是去唤醒智障儿童疲倦、脆弱的心灵，引导他们认识到生活中存在的美和力量。

我们要遵照心灵的指示来行动，这是一种信念，是一把打开秘密之门的钥匙，它帮助我真正理解了爱德华·塞昆所有的精彩教学实验的伟大意义。在对智障儿童进行教育的时候，假如人们正确地理解了这些实验，那它们就能够变成真正有效的工具。由于我将这些实验作为工具来使用，也获得了非常惊人的效果。同时也领悟到，我们所说的鼓励、舒适、关爱、尊重等，都源自人的内心深处，如果我们为它们提供更多自由的空间，就能够更多地让我们的生命力得到恢复和振作。缺少了精神上的这种刺激，就算外部的刺激再多再大，这些孩子也许都会视而不见。

从这时开始，我就独自开始了这项新实验。在此我并不想对这些实验进行详细的介绍，只不过要做出说明，我正尝试着通过一种新颖的方法来教学生们去阅读和写作，这也是儿童教育内容的一部分，但在伊塔德和塞昆的著作里面，这一部分还不太完善。

很多从精神病院出来的智障儿童在我的教育下成功地具备了很不错的阅读能力和写作能力，我带着他们到公共学校，让他们和正常的孩子参加了同样的考试。结果这些孩子在考试中全部成功通过。

有人可能会对这样的成果感到难以置信，但在我看来这并没有什么可奇怪的。这些来自精神病院的智障儿童之所以能够与智力正常的儿童同场竞赛，是因为他们通过一种全然不同于以往的方式接受了成功的教育。他们在心灵发展的过程中有幸得到了帮助，但正常儿童的心灵在发展时却遭遇了抑制与阻碍。我想，假如这些令智障儿童获得奇迹般发展的特殊的教育方式有朝一日能够被应用于正常儿童的教育，那么朋友们所讨论的这种"奇迹"可能就不会再出现了。一旦正常儿童获得了全面的发展，那么智障儿童和正常儿童在智力上存在的鸿沟之上就永远无法架起连通的桥梁。

当人们对我在智障儿童教育方面取得的成就表示羡慕时，我却开始了新的探索——到底是什么原因，令普通学校里那些健康的、快乐的孩子的智力一直停留在很低的水平，以至于我的那些不幸的智障学生在智力测试中都能够取得与他们几乎相同的成绩？

塞昆概括与总结的教育方法说："从肌肉系统进行教育，然后从神经系统和感官系统进行教育，要对孩子加以引导，或是亲自引领他们去学习。"就是如此，塞昆让智障儿童学会了怎样走路、怎样在最困难的身体活动过程中保持平衡——例如爬楼梯、跳高等动作。从一开始，他就让孩子们接触并了解到温度的差别，又对他们的肌肉感觉进行教育，直到他们产生了特殊的感觉，最后，他还教会了孩子们怎样进行感知的判别。

可是，假如不对智障儿童开展进一步的训练，我们便只能让他们以一种低人一等的生命方式来面对生活。我们要做的是"唤醒他们的心灵"。其实，塞昆改变了以往那种对智障儿童如同对待一株植物一样呆板而又单调的教育方式，真正从浅到深地完成了感官能力、普通观念、抽象思维、精神思想等各个层次的教育。正是在这项神奇的工作完成之后，由于生理学分析方法和教育方法的慢慢改善，智障儿童的智力才能变得正常，但与真正智力正常的人比起来，他的智力仍然有所不及，仍然无法全面地适应整个社会环境。

所有人都感受到了这一点，很多人说："在对智力正常的儿童进行教育这一方面，要做的工作还有很多！"

塞昆的教育方法在我看来是正确的方法，这一点在我对智障儿童开展教育的实践活动中得到了很好的证明。这之后，我又开始更为细致地研究伊塔德和塞昆两人的著作。我觉得自己需要深入地思考。而且我还做了一件自己以前从未做过的事情，也许没有几个学生想过要做这件事——将伊塔德、塞昆的出版的外文书翻译成意大利语，从头到尾我都是亲自动手抄写，我认为这对我编写自己的书是有帮助的。

为什么要亲自动手翻译并抄写呢？主要是我觉得这样可以去从容地斟酌每一个字的含义，让我能真正理解作者想要表达的意思。当我收到塞昆 1866 年在纽约出版的那本英文版著作的副本时，我正好把他那本厚达 600 多页的法文版著作翻译并抄写完成。英国一位朋友帮助我把这本英文著作翻译成了意大利语。书里其实并没有多少关于开展新型教学实验的内容，不过它与第一部作品中描写的经验哲学的内容有关。塞昆在进行了 30 多年正常儿童的研究之后，觉得既然生理学方法的基础是对每一个个体开展研究，在对人的生理和心理现象进行分析之后，再形成相对应的教育方法，那么这种方法肯定也可以应用于正常儿童的研究之中。他认为，这种方法可以为人类的完美再生指出一条光明的道路。

塞昆就像一位正在狂热地呐喊着的先驱者，这种声音能够让学校和教育的状况发生彻底的改变。

这一阶段，我已经通过了注册，成为一名真正的哲学系学生，当时我正在学习实验心理学方面的课程。在意大利——具体来说就是罗马、都灵和那不勒斯这三个地方，在大学里设立这些课程都是最近一段时间的事情。同时，我仍然在小学里进行着教育人类学方面的研究，并通过这样的方式来对正常儿童教育活动中所使用的组织方法进行研究。

我所从事的这项工作也让罗马大学增加了教育人类学领域的课程。从很久以前开始，我便期待着将教育智障儿童的方法应用于小学一年级的正常儿童，但是我从未想过可以在看护幼童的学校或机构中进行这项实验。1906 年年底，我参加了在米兰举办的一项国际展览，会上，我作为其中的一名委员向科学教育学和实验心理学领域的获奖者颁奖。这时，我遇到了一个千载难遇的良机——罗马优质建筑物协会的会长艾多阿多·达勒姆邀请我去他们协会所打造的模范公寓组创儿童学校。达勒姆先生的理想是，将一座公寓里所有住户家里 3—7 岁的孩子都集中到一个大房间里，这些孩子在老师的指导下去玩耍、去学习、去做功课，每座公寓住宅里都为老师配备了房间。他的设想是让每座住宅都配套相应的学校。在罗马，优质建筑物协会已经拥有的公寓数量达到 400

多栋，而这项工作看上去也会有非常好的发展前景。于是在 1907 年的 1 月，我在圣洛伦佐区的一座很大的公寓住宅里创建了第一所儿童学校。优质建筑物协会在这个区拥有 58 座大楼，根据达勒姆先生的计划，我们会在短时间内创办 16 所类似的"住宅学校"。

我和达勒姆先生有一位共同的朋友，他的名字叫奥尔加洛蒂。奥尔加洛蒂为这座新型儿童学校起了一个带有某种幸运色彩的名字——"儿童之家"。1907 年 1 月 6 日，我们的第一所"儿童之家"正式开业了。这所学校由肯迪达·奴西特里进行管理，而我负责进行监督和指导。

同年的 4 月 7 日，第二所"儿童之家"在圣洛伦佐区开业。10 月 18 日，慈善家协会在米兰的一个工人居住区又建成了一所学校。同时，慈善家协会下属的工厂还接受了另外一项重要任务——为我们的"儿童之家"制造教学仪器。11 月 4 日，第三所"儿童之家"在首都罗马开业，这座学校不是设在平民区，而是位于一座现代化的、中产阶级居住的大楼里面，这座大楼坐落于维阿·法吗高斯塔。1909 年 1 月，瑞士开始对它的孤儿庇护所和儿童收容所进行相关改造，不再使用过去的福禄培尔教育体系，转而采用我们的"儿童之家"的教育方法以及教学仪器。

"儿童之家"有两方面的重要性。一方面，由于它采用的办学方式极为独特——在住宅里建立学校，因此它对社会发展有很重要的作用；另外，由于它所采用的幼儿教育方法，又令它对教育的发展具有很重要的作用。目前我正在进行的就是这种教育方法的试验和研究。

我说过，正是因为达勒姆先生的邀请让我有了这样一个非常好的机会，我可以将教育智障儿童的方法用在正常儿童的身上。不过这里我说的正常儿童需要有年龄的限定，他们不能是上了小学的儿童，而应该是像婴儿收容所里的婴儿那么大。

假如智障儿童和正常儿童两者的智力可能是一样的，那么只能是在他们很小的时候才有可能出现这样的情况，因为当时的他们失去了发育的条件。

而那些正常儿童在智力尚未发育的时候，与智障儿童是类似的。每一个人在他的婴儿时期，肌肉的运动都无法协调地进行，所以他们走路的时候不稳，也无法做出系扣子和解开衣服这些很简单的动作。他们用来感知外部世界的器官——例如眼睛，在适应性和调节能力上也没有获得充分的发育。

语言是人类最基本的行为之一，而很小的婴儿在语言方面却会有一些缺陷。他们很难集中注意力、身体也总是站不稳等，这些都是正常的婴儿和智障婴儿相同的特点。普雷耶在对儿童进行心理学研究的时候，也认为由疾病所导致的语言缺陷与正常儿童发育过程中出现的语言缺陷是一样的。

如果一种教育方法可以让智障儿童的智力得到增长，那么同样能够有利于幼儿的发育。所以，我们可以对它进行适当的调整，使它们成为可以对正常人进行品格教育的一个重要组成部分。很多儿童之所以会从暂时的缺陷变成永久性的缺陷，例如语言方面的缺陷，就是由于在婴儿发育这个最重要的阶段，也就是在 3—6 岁这个身体主要器官功能的形成阶段，没有对身体的发育引起足够的重视，因此就变成了永久性的缺陷。

这些都说明我在"儿童之家"开展的教育实验是很重要的，它证明了我的一系列实验所取得的成果。在实验过程中，我试着用对待智障儿童的方法来教育正常儿童。我并不是单纯地采用一种形式来开展工作，而是采用塞昆对幼儿进行教育时那种简单而又纯粹的教育方法，任何人只要读过塞昆的著作，就能够很容易地发现这一点。但是，可以确定的是，这两年我所进行的教育实验，为以后开展正常儿童的教育打下了坚实的基础，其来源可以追溯至法国大革命时期，这也是伊塔德与塞昆两人一辈子最热衷的事业。

对我而言，在塞昆出版了他的第二本教育学著作30年之后，我继承并利用了他的思想，也可以这样说，我以一种抖擞的精神继续从事着这位伟大人物的事业，而塞昆则从自己的老师伊塔德那儿继承了这些伟大事业和伟大思想。最近10年里，我不但采用他们的教育方法开展实验，而且我自己还进行了深入的思考，从这两位神圣、伟大的人物的著作中汲取了思想上的养分。

所以，从某种角度说，我这10年来所做的工作可以当作对伊塔德与塞昆两个人40年来教育工作的总结。如果这么算的话，我们实际上已经在这一领域辛勤研究了50年，这也为最近两年所开展的实验工作打下了坚实的基础，我觉得这些实验其实代表着伊塔德、塞昆和我三位外科医生长期以来坚持不懈的协作。这个观点是很正确的，在某种程度上，这也说明我们正在沿着精神病治疗方法的道路继续前行。

毋庸置疑，"儿童之家"的出现，推动了人类文明向前发展，也值得另外撰写一本著作来对它进行详细的描写。其实，通过乌托邦一样的儿童教育方法，"儿童之家"使很多社会问题和教育问题都得到了解决，并成为学校现代化改革内容的重要一项。可以肯定的是，这些改革不久之后就能变成现实。它们直接触及了社会问题中一些重要内容，例如人与人之间的密切关系以及他们的家庭生活。

第三篇

在"儿童之家"开业仪式上的发言

今天来到这里的诸位也许从未真正感受到，穷人的生活有多么的贫苦。或许你们只是从一些名著的艺术描写中了解到了人类贫穷的苦难；或是从一些优秀演员所表演出来的那种悲惨的生活里感受到了贫困有多么恐怖，你们的灵魂也因此受到了震撼。

让我们试着想象这样一个场景。如果此刻有人对你大声喊一句："走吧，让我们去看看那些因为贫困而生活悲惨的家庭吧！"因为现在他们那儿出现了幸福、清洁、和平的兆头，他们即将拥有一个自己心目中理想的家。在罪恶与贫困聚集的地方，正在进行着一项拯救道德的工作。人们正在摆脱罪恶的冷漠和愚昧无知的阴影，孩子们也即将拥有一个属于自己的"家"。新生代的人们正在迈向一个崭新的时代，在这个新时代，人们不会再因为贫困和不幸而感到悲痛。在这样一个新时代，悲苦、罪恶等各种不幸都将成为过去，它们的踪迹再也不会在我们的生活中出现。如果知道了这些，那我们的情感将经历多么巨大的转变啊！我们肯定会加快自己的脚步，如同那些受了梦想与希望之星感召和引导的有识之士一样，想快点去那些生活贫困的家庭看一看！

我之所以要讲这些，就是为了让你们知道，这座简朴的房子有着多么伟大的意义，在这座房子里面，有着真正的美好，它看上去就像一位母亲从房间里分出一个小空间供自己的孩子玩乐一样。这便是在圣洛伦佐贫民区建立的第二个"儿童之家"。圣洛伦佐区这个地方非常出名——所有的报纸，每天都会将在这里发生的恶性事件报道并刊登出来。但是，仍然有很多人并不了解这个居民区是如何在这座城市里诞生的。

起初，人们并不想在这个地方建一个居民区。其实，圣洛伦佐区并不能算是一个居民区，而是一个贫民区。在这里居住的，除了收入极低的或失业工人之外，还有那些刑满释放但需要接受监管的犯人，这些人聚集并且混居在了一起。

1884—1888年间，在那个建设大热潮时期，圣洛伦佐区被兴建起来。这里的房子既不符合社会标准，更不符合卫生标准，它们最多只能算是在地面上一尺一尺砌成的墙。所有这一切完全没有考虑到它在将来可能会造成什么样的严重后果。很明显，根本没人关心自己建起来的房子是否牢固，因为建筑工人绝对不会住进这样的房子里。

到了1888—1890年的大风暴期间，这里的房子就无法避免地遭受了厄运，很长一段时间内，这些房子无人租住。不过到了后来，随着人们对房屋居住需求的增长，这些房屋便又逐渐被出租出去。可是，由于那些投资者亏了本，他们再也不愿意投入资金去修缮这些房子了。所以这些从最初建造时就违反了卫生法的房子，由于被用作了临时住所，导致现在的情况变得更加糟糕，现在它们已经慢慢变成这座城市最贫困阶层的聚居地。

但是这些并非专门为工人所建造的房子的面积实在是太大了，每一套都有五六个房间，有的甚至有7个房间。尽管房租相对于其面积来说已经是非常便宜了，但是对每一个穷苦的家庭而言还是难以承受。于是就出现了转租的现象。有些房客一下租下一个6个房间的套间，月租是8美元，然后再以每间月租1.5美元或2美元的价格，将这些房间分别租给一些只能承受这个价格的租客，甚至将房间的一个角落或是走廊租给那些更穷的人。这样算下来，他每个月就能够得到15美元或是更多的钱，这远远超出了他所交纳的租金。

这么做，很大程度上解决了这个人的生存问题，而且还能在每次的交易过程中采用高利贷的方式来持续增加自己的收入。当房客们极度困难的时候，这个人作为二房东，就按照一定的利率借给房客一些钱，例如房客借走 2 美元，每个星期的利息就要 20 美分，如果换算成年利率的话，相当于 500%！

这就是转租过程中出现的最残酷的高利贷，只有借过高利贷的穷人才明白这些欺诈穷人的手段有多么的残酷。

在这一地区，我们还发现了很多情况，例如生存环境极为拥挤，秩序混乱，充满罪恶和犯罪。报纸经常描述类似的状况：在一个大家庭里，已经成年的男孩和女孩只能共同生活在一个房间里，但在这个房间的角落里居然还住着一个外地人，这个人是每天晚上都要接客的妓女。而她与嫖客的行为全都被年轻的孩子们看到了，于是邪恶的想法在孩子们的心里被激发出来，犯罪和流血事件的出现也就不足为奇了。这些只不过是众多悲惨描述中的一个很小的细节罢了。

不论是谁，当他初次进入这样的房间时，一定会觉得震惊和恐怖，那是因为他所见到的是一幅真正的悲惨景象，而非头脑中想象出来的那种夸张得过分的虚构场景。当我们进入一个阴暗世界中时，留给我们最深刻的印象就是黑暗，即便是在正午，阴暗的光线也令我们很难看清屋子里的陈设是什么样的。

等到我们的眼睛适应了昏暗的光线之后，便能看到一张床的轮廓，有一个人蜷缩着躺在上面——他可能是生病了。当我们将互助金送给住在这里的穷人的时候，必须点上一支蜡烛才能完成数钱和签署收据的工作。令我们感到遗憾的是，每当谈起社会问题的时候，很多人总是夸夸其谈、词不达意，却很少有人能够在认真调查客观事实的基础上做出明确的判断。我们经常充满热情地去讨论一个孩子应当如何开展家庭学习，但是，对很多孩子来说，家，只不过是一个黑暗茅屋角落里铺在地上的一张稻草席子罢了。为此，我们计划建立若干个流动的图书馆，这样穷人就可以在家阅读了。我们计划向他们中的一部分人赠送一些书，从而帮助他们了解一些文学知识，希望通过这些书的影响让他们慢慢提升和改善自己的生活水平，同时也希望这些书能够让他们了解一些道德、文化、卫生方面的知识。可是，这也恰恰说明了一个问题——我们压根儿就不明白，他们眼下最需要的东西到底是什么。这些人里面的大多数根本就没有良好的光线去读书，他们甚至连一盏灯都没有！那些社会改革者现在急需解决的问题，其实是穷人们生活质量的改善，而文化水平的提高反倒不是最迫切的需求。

说到在这一地区出生和慢慢长大的儿童，我们甚至必须要改变一下原来所习惯的表达方式，因为他们并非"眼睛一睁开便看到了光明"。他们所在的是一个暗无天日的世界，他们生活的环境被阴暗所笼罩。这些孩子身体肯定很脏，因为在一个套间里，只有三四个人可以正常用水，但现在却住进了二三十个人，这里的水甚至连饮用都不够！

在意大利，"家（casa）"这个单词跟英语里那个带着神圣意义的单词"家（home）"地位相当，对意大利人来说，家是一个充满了温馨、只有亲人才有资格进入的圣殿。

但现实情况却大相径庭。很多人甚至没有"家（casa）"，在他们所谓的"家"里，只有白到令人窒息的墙壁。在这面白墙里面，就连最隐私的生活都会被曝光在世人面前，让所有看到的人耻笑。在这里，没有任何的隐私、谦逊和亲切感可言，住在这里，甚至经常无法享受到阳光，享受到空气，享受到水！而我们却依然在此处大肆宣传我们的理念：家是开展大众教育的必要条件，它作为一个必需场所，是建设美好社会唯一的、坚实的基础。从这个角度来说，我们并非真正的改革者，反倒更像是热衷于幻想的诗人。

我觉得，真的还不如让穷人去露宿街头，因为这起码比我刚才所描述的情形要更好一些，起码显得有秩序、更干净。不过这些街道上时常发生争吵事件和流血事件，甚至还会发生一些几乎令人难以置信的恶性案件。报纸上就有过这样的报道，说妇女会被她们喝醉了的丈夫追杀！而令年轻女孩感到最害怕的，或许并非死掉，而是被下流的男人往自己身上扔石头。我们还曾经目睹过一件令人难以形容的事情——有个非常可怜的女子先是被一个醉鬼强奸，然后又被扔到了一条水沟里面。天亮之后，住在附近的孩子都聚集到了这里，他们像一群围着死尸的食腐动物，又喊又笑，肆无忌惮地对这个可怜的女人发出嘲笑，有些孩子甚至抬起脚去踩那个躺在满是污泥的水沟里的女人已经遍体鳞伤的身体！

这种残忍到了极点的事情为什么会发生在意大利这个文明的摇篮、艺术的王国呢？为什么会发生在佛罗伦萨这样的国际化大都市呢？那是由于在过去的几百年里从未出现过这样的情况——将贫苦大众隔离开来。

中世纪时，曾经把麻风病人隔离起来；犹太人地区的希伯来人曾经被天主教徒隔离过；但是，从来都没有发生过因为将贫穷视为危险和耻辱，进而明目张胆地把穷人隔离开来的事情。穷人的家与富人的家穿插错落，在二者之间形成了极为鲜明的对比，在最近的文学艺术作品中，这种情况是很普通的。其实，在我上小学时，老师就经常在道德教育课上给我们讲一些这样的故事：好心的公主经常会为隔壁木屋里的穷人提供帮助，要么就是富人家的善良孩子经常送食物给住在附近顶楼里的病人。

但此刻，这一切就像神话传说一样，显得那么的虚幻和不真实。穷人无法再从自己的富人邻居那儿学到良好的礼仪和教养，他们再也无法奢望在自己窘迫的时候获得富人的帮助。我们将他们赶出了我们居住的地方，让他们远离我们，让他们没有房子住，让他们饱受绝望的折磨，让他们感受到了野蛮和罪恶有多么残酷。不管是谁，只要还有社会意识，他都能够清楚地认识到：我们就是这样将一个严重危害城市的传染区创造出来的。即便我们本来拥有一种贵族式的理想，想要建成一座光明、美好的城市，但我们却强行给这座城市带来了众多的丑恶和疾病。

当我初次踏上这片街区时，我就如同置身于一座刚刚经历了重大灾难的城市。我好像看到了那些不幸的人们，他们在进行抗争以后，依然受到了命运所留下的阴影的折磨。这些人脸色苍白，并且充满了恐惧，行尸走肉般在安静的街道上走着，和我擦肩而过。这样的寂静似乎证明这个社区的生活已经中断甚至是崩溃。在这里，没有车来车往的声音，没有小贩们欢快的叫卖声，更没有街头卖艺人的琴声，甚至连贫民区特有的那种喧闹声都没有，整条街道只有死一般的沉寂。

街道上坑坑洼洼，每户人家门前的台阶都是歪歪扭扭的，显得破烂不堪，看着这些景象，我们也许会猜测这里是不是曾经发生过一场大水灾，洪水把所有的泥土都冲走了。但是当我们看到房子里空空荡荡，墙壁上千疮百孔、破损不堪，我们又会认为这个地区刚刚遭受了一场大地震。后来，我们又进行了更加深入的观察，结果发现在这片地区甚至都没有商店——这个社区真的是太穷了，就连一个可以为人们提供日常生活用品的最普通、最廉价的商店都没有。只有一家廉价酒馆开着门，从里面飘出一股劣质酒精的气味。看到所有这些，我们深切地感受到，自然界带给人们的灾难，并不是他们所遭受的最沉痛的苦难，而贫穷——与罪恶紧密联系在一起的贫穷才是。

我们时刻对这些不幸与危险的情况保持着关注。新闻报道中所提到的那些不道德事件和暴力事件的新闻报道，让每一个慈善工作者的心灵和良知受到了强烈的震撼。或许有人会说，不管什么样的苦难，都可以找到相应的解决办法，而我们也已试验过了一切可行的方法：挨家挨户地宣传卫生准则，建立社区诊所、孤儿院和"儿童之家"。

　　可是到底什么才是真正的慈善呢？它最多只能算是悲痛的一种表达方式，这种形式上的慈善行为不可能获得很大的收益。由于缺乏必要的组织和持续的收入，它只能对一小部分人起作用。而另一方面，要想拯救如此大范围的危险和罪恶，势必需要一个全面的、广泛的组织来对整个社区进行指导。一个组织，只有把为他人谋福利当作使命，才有可能实现与全人类的共同发展和共同繁荣。也只有这样一个组织，才可以在这种类型的社区开展工作，并最终完成这项长久而意义非凡的事业。而正在从事着一项伟大的慈善事业的罗马住宅改善协会，恰好满足了所有这些迫切的需求。按照协会总干事爱德华·达勒姆的计划，目前协会正以一种高度现代化的先进方式开展着各项工作。他的这个计划具有首创性、全面性，而且切实可行，在意大利甚至全世界都可以说是独树一帜。

　　三年前，这个协会成立于罗马。协会计划首先获得这个城市的地产权，然后通过改造或重建来改善居住的条件，就像一个好父亲妥善地管理一个家庭一样来对它们进行管理。

　　这个协会购买的第一批地产就包含圣洛伦佐区的大多数房子，目前协会已经拥有这个区的58栋房子，占地面积大概有30000平方米，包括底楼和1600个小的套间。成千上万的人将从协会的房改中受益。在承包了这项慈善项目之后，协会就开始按照现代化的卫生标准、道德标准和建筑标准着手对旧房屋进行改造。建筑结构的改变能够为其带来实际的收益并不断增值，而卫生状况和道德状况的改善，则能够提高居民的居住水准，也可以让租客在付出公寓租金之后有一种物超所值的感觉。

　　为了实现这个目标，建筑协会制订出了一系列的计划。这些计划必须是分步进行的，由于房屋紧张，一次性将整栋房子腾出来是非常难的，而且在这个进程中还要坚持人道主义原则，这就使房屋的重建工作难以快速进行。因此，到目前为止，这个协会在圣洛伦佐地区改造的房子只有3座。之后的改造计划如下：

1.拆除建筑里所有为了多收租金而不是为了居住目的而建的部分。那些阴暗的、通风差的套间，挡住了光线和空气的房间都将被拆掉，让留下来的房屋发挥更大的价值，当然也更加能够让人感到满意。

2.增加房屋楼梯数量，减少由于人多而对墙壁和台阶造成的过分损害，让房客们更自觉地爱护这些建筑设施，养成整洁有序的好习惯。

3.划分出更合理的空间。例如可以将一栋房子划分成好几个小套间，这对于道德水平的提升是有好处的。多个家庭被分隔开了，就真正具备了家的概念，而且也真正解决了过于拥挤、不道德甚至犯罪等问题。

这样的改造，一方面大大减轻了租客的负担，另一方面也使经营者的收入增加了，当经营者按照每月8美元的价格出租一间有6个房间的套间之后，可以再将它改造成3个小一些、有阳光、通风、带厨房的一居室，他可以借此来增加自己的收入。这样看来，房改有着非常强烈的道德意义——它消除了社会上的不良风气，减少了男女混杂的机会。让这些租客第一次感受到了家的自由，第一次产生了家庭的亲密感觉。

但是，协会的计划远远没有局限在这些方面。这些房间不仅为租客提供了充足的阳光和空气，而且还有良好的秩序以及后勤保障，所有这些似乎都闪烁着纯洁的光芒和清新的气息。但是住户如果想要得到这些美好的东西，必然也要承担一定的责任，即上缴一些"房屋爱护税"和"善意税"。目前，只有公家的建筑才能获得持续性的维护资金。但在这里，所有的房屋维护工作交给了100多位工人，也就是住在这里的所有人。他们把房子保护得非常完善，一点污垢都没有。

这样的试验结果值得引起人们的注意。大家用爱心共建整洁家园，并且更好地进行美化，这也是人们对自己家园的美好希望。所以，协会顺应这种希望，在房屋的院子以及大厅的周围种了很多花草树木。

出于追求幸福生活的渴望，新社区的住户很自然地产生了一种自豪感，这种自豪感也让他们更为细致地照顾这座房子，并努力让生活水平变得更高，让住户变得更文明。他们不仅仅是住在这所房子里的人，而且知道了如何居住、如何爱护。

房改的成效虽然是初步的，但也引起了其他方面的改革，长期在整洁房子里居住的人也逐渐开始要求起个人卫生来，他们再也无法容忍整洁的房间里摆着那种看上去很脏的家具。

于是，该协会开展了一项最重要的卫生改革——改造浴室设备。每栋改建的房子都设置了公共浴室，浴室里设有浴盆和淋浴喷头，能够供应充足的热水和冷水。可是，正当协会全力以赴开展这些改革时，却遇到了一个难题，就是那些还没到上学年龄的儿童在父母出门工作的时候只能整天独自一人待在家里。这些孩子不但无法理解爱护房子的意思，而且还变成了无知的捣蛋鬼，他们在楼梯和墙壁上涂鸦。于是我们就进行了另外一项重大改革，其费用由租客间接承担——我们用租客们缴纳的"房屋爱护税"创建了一个专属于学龄前儿童的家——"儿童之家"。母亲如果外出工作，可以放心地把孩子交给"儿童之家"。但是没有上缴"房屋爱护税"和"善意税"的住户，就享受不到这样的待遇。

"儿童之家"制度规定

"儿童之家"是由罗马住宅改善协会建立的，地址位于××号居民楼，凡在该居民楼居住的3—7岁的学龄前儿童均有入学资格。

"儿童之家"主要是为那些外出工作期间孩子无人照顾的父母提供免费的儿童照护服务。

"儿童之家"重点关注儿童的身心健康和学习教育等各方面的发展情况，同时根据孩子的年龄采取适当的教育和照护方法。

"儿童之家"为孩子们配备女教员、医生、保育员各一名。

"儿童之家"所有工作计划和日程安排均由女教员制定。

所有希望享受"儿童之家"优惠待遇的家长，不用缴纳相关费用，但需履行以下责任：

1. 所有家长必须在规定时间让孩子来到"儿童之家"，并且保证孩子的身体和衣服都是干净和整洁的，孩子还需要穿上合适的围裙。

2. 家长一定要尊重"儿童之家"的女教员和所有的工作人员，在教育孩子时一定要密切配合女教员。每个星期，孩子的母亲至少要跟女教员进行一次谈话，将孩子在家里的表现告诉教员，同时听取教员对孩子有益的建议。

以下情况发生任意一种，孩子都将被开除：

1. 没有梳洗干净或是穿着脏衣服就被送到"儿童之家"的孩子。

2. 犯错之后屡教不改的孩子。

3. 不尊重"儿童之家"工作人员的家长，或因恶劣行为对"儿童之家"教育工作造成了不良影响的孩子。

把收拾得干净整洁的孩子送到"儿童之家"是母亲的义务，母亲应该与教员一起教育孩子。母亲的义务有两方面——在身体上和精神上给予自己的孩子很好的照顾。如果在与教员谈话过程中，孩子表现出了在家里的态度，影响了学校正常的教育工作，就会把他送回父母那儿，让他们的父母明白应当珍惜这样一个好机会。教育孩子对那些生活质量低、行为粗鲁、喜欢打架的父母来说将会成为沉重的负担。他们知道自己以前的生活是怎样的黑暗、受人轻视，他们不愿意让孩子过这样的日子。换言之，父母一定要学会珍惜"儿童之家"带给儿女的良好的教育机会。

只要父母们怀着"美好的愿望"，乐意遵照协会的要求去做就够了，这里的女教员都已经做好了充分的准备，而且非常愿意教这些孩子。制度规定，母亲每周都要跟女教员进行一次交流，了解孩子的状况，接受女教员对孩子有益的建议。这无疑会对孩子的健康和教育起到很好的启蒙作用，"儿童之家"会为孩子们指派一位女教员和一名医生。

女教员一般会扮演母亲的角色，她是一个有教养、有文化的人，是这里所有居民学习的榜样。她也会住在这里，跟自己的学生一起生活。这是很重要的。在这里生活的人基本上都很粗野，没人有胆量在夜晚空着手进入这里。女教员来到这里不光是为了教育孩子，还要跟他们一起生活。一个有文化的专业的教育工作者，决心将自己的生命和青春都用来帮助身边的人！这才是真正的传教士，是这些人里面的道德女王。只要她在工作上拥有足够的热情和技能，那么她就能够取得空前的成功。

这是一个非常现代化的居住区，这个地方就像居民心目中永远无法到达的梦境一样。在此之前，的确也有很多人进行过尝试，他们曾经努力地想要融入穷人的生活，为他们提供良好的教育。但这是一项不切实际的工作，除非这些穷人居住的地方拥有很好的卫生条件，才有可能让他们过上更加美好的生活。除非这些住户为了共同的利益、为了美好的目标而齐心协力，不然的话这样的目标就永远无法实现。

居住区的现代化还体现在拥有了像"儿童之家"这样的教育机构。这里虽然能够对孩子进行托管，但不是单纯的儿童收容所，而是一座可以对孩子提供真正的教育的学校，这里的教学方法符合教育学的基本原理，非常科学。这里不仅注重孩子们的身体发育问题，而且还会从人类学的角度对每一个孩子进行研究。语言训练、系统感官训练，让孩子适应实际生活的训练，形成了"儿童之家"所有教育工作的根基。它的教学目的非常明确，而且拥有种类丰富的教学工具。

在此，我没办法将学校的每一个细节都详细地介绍给你们。但我必须要说的是，这里已经设置了浴室，可以让孩子们洗热水澡、冲凉，他们能够学着自己洗手、洗脸、洗脖子、洗耳朵。如果可能的话，协会还将开辟出一块空地，教孩子们在空地上种一些常见的蔬菜。

接下来谈一谈"儿童之家"在教育方面取得的进展，这也是很有必要而且非常重要的。了解学校存在哪些问题的人都知道，目前最受人们关注的重要原则就是：学校与家庭在教育目标上应该是一致的。当然这个原则有点理想化、显得不太现实。二者之间总是隔着一定的距离，而且家庭会经常违背教育的理想，这一点是学校无法进行干涉的。家庭不仅要与教育一起进步，而且总是与社会的进步密切相关。在"儿童之家"，我们初次见到了长期以来人们所盼望的教育理想变成现实的可能。我们已经在居民区建立了"儿童之家"，但这是远远不够的。我们要将学校当成居民区的集体财产，还要将老师完成神圣的教学任务的过程都呈现在家长和孩子眼前。

学校是归集体所有这个概念非常的新颖，也很好，而且具有很强的教育意义。

每个家长都明白，"儿童之家"属于他们，也需要靠他们缴纳的房租之中的一部分来维持。每一位母亲随时都能够去那里观察、评价和思考孩子们的生活。通过这种方式，母亲们可以不断反省并为自己的孩子提供帮助。每一位母亲都非常喜欢"儿童之家"，也非常尊重这里的女教员，善良的母亲们对孩子们的老师也十分关心，她们经常会把一些糖果或鲜花放在老师的窗台上。

在"儿童之家"，经过三年左右的训练，母亲们就可以将孩子送到普通的小学，这些母亲目前能够非常配合学校的教育工作，而且她们还产生了这样一种想法：通过自己良好的品德和行为，证明自己值得拥有这样一个富有教养的孩子。作为教育机构，"儿童之家"取得的另一项成就是科学的教育方法。截至目前，教育学的基础仍然是对学生人类学的研究，但它只涉及教育改革中的部分问题。因为一个人不仅仅是生物体，而且也是社会的产物。在接受教育的时候，个人所处的社会环境首先是家庭。科学的教育方法如果不能对新一代人的成长环境产生良好的影响，那么它就算付出再多的努力也是白忙活一场。所以我觉得只有继续在居民区宣导新的理论，在文明方面取得进步，才能真正解决新一代人的成长环境问题，才有可能将科学教育法的基本原理运用到实际生活中。

另外，"儿童之家"还有一个成功的地方，那就是第一次开始了家庭教育的社会化进程。居民们发现在自己的屋檐下，能有这样一个好地方可以方便地托管孩子——"儿童之家"不仅非常安全，而且对孩子们也有很大的好处。

住在这栋楼里的所有母亲都可以享受这样的特权，她们从此可以放心地外出工作。从前，只有一个阶层能够享受到这样的特权——有钱人家的女士能够让保姆或女佣帮自己看孩子，自己外出工作或是娱乐消遣。如今，在这种重新改造的居民楼居住的女人们，也能够像贵妇人一样，对别人说"我让保姆和女佣帮我照顾孩子"。此外，她们还能像个公主一样，说"家庭医生会根据他们的健康状况进行有针对性的照顾，从而帮助他们成长"。这些女子就像英国、美国最富有阶层的母亲们一样，有一张自己孩子的"成长登记表"，在这张表格上面，女教员和医生记录了孩子的学习情况、成长情况和身体情况。

不论是在意大利还是其他任何地方，我们的"儿童之家"都是绝无仅有的。它的诞生具有十分深远的意义，因为它满足了这个时代的需求。我们不会再说"儿童之家"能够让母亲们不再承担自然的社会责任——照顾孩子、教育孩子。因为现代社会和经济的发展要求职业女性出去工作和赚钱，并且强行剥夺了她们觉得自己身上最为重要的责任！母亲随时都有可能与自己的孩子分开，有时甚至还要忍受孩子被遗弃的痛苦。而"儿童之家"绝不只是给劳动人民带来了很多好处，对于中产阶级中的很多脑力劳动者，也带来了很大的好处。例如教师、教授，他们经常需要在业余时间给私人上课，往往让那些无知、粗鲁的全职女佣来照顾他们的孩子。其实，最初对于"儿童之家"有需求的人正是这些社会阶层较高的人士，他们纷纷写信前来，要求在自己的社区也开展这样有益的改革。

这时，我们正在将社区里母亲——女性的职能变得"共有化"。在这里，我们可以发现，这一举措已经解决了很多妇女面临的看上去无法解决的问题。也许有人会发出疑问，假如妇女从家庭离开，那么家庭会变成什么样子？答案是：我们会转化家庭的功能，妇女的责任将由其他人来承担。

例如"社区医务所"，由于妇女天然就是家庭成员的护士，可是谁又能知道她最近总是不得不忍受着亲人躺在病床上无人照顾的痛苦而出去工作呢？竞争总是非常激烈的，如果她不去上班，就有可能失去这份赖以谋生的工作。现在，她可以将生病的家人送到"社区医务所"，晚上下班回来，她就随时可以探望病人，对于这种境况下的妇女，这显然是大有帮助的。

家庭的卫生条件也得到了很大的改善，这与先进的隔离、消毒等卫生观念有很大关系。难道大家不清楚吗，如果穷人的孩子感染了某种疾病，要想把这个孩子与其他的孩子隔离起来有多么困难？这种穷困的家庭在城市里通常也不会有什么亲戚和朋友，所以不能将他们的孩子送到其他什么地方去。

但现在不可能都在变为可能。以社区食堂为例，住户在社区食堂订餐，每天早上，哑侍者就会将食物准时送到餐厅。其实，这种做法早就在美国试行成功了。对那些中产阶级家庭而言，这也是很有好处的一项举措——过去，他们必须要将自己的健康和餐桌上的欢乐，交由一个无知的、经常将饭菜做坏的仆人手上。要想解决这个问题，只有一个办法，就是从家里走出来，去外面的餐厅里吃那些便宜的快餐。

其实，社区的改革对家庭妇女成为职业妇女之后造成的家庭损失进行了弥补。社区变成了一个中心，将迄今为止社区缺乏的所有的好东西都集中到了一起，包括学校、公共浴室、医院等人们最需要的场所。

随着这一趋势的发展，整个社区的面貌都发生了很大的改变，原本充满了罪恶、危险的地方，如今已经成为教育、文化、娱乐等各项活动的中心。在这里，除了给孩子们修建了学校之外，还给居民们设立了阅读室、俱乐部，这些都是很有好处的，特别是对那些男住户来说，他们可以正当地、快乐地度过晚上的时间。社区俱乐部和"儿童之家"一样，对社会各阶层都是有用的，而且切实可行。这些俱乐部的出现将加快那些赌场和酒吧的关闭，对人们的身心健康大大有利。我相信，在不久的将来，优质建筑协会就会在圣洛伦佐地区那些改造好的社区内部建立起这样的俱乐部。等到俱乐部正式对外营业之后，居民们便可以在那里看报、读书，并且经常可以听一些简短的公益课程。

我们认识到了这样一个事实：由于全社会以及经济状况的不断发展，女人只能被迫利用自己的时间和精力去工作，以获得微薄的报酬。可是我们千万不能因此而担心家庭会解散，家庭本身就承担了家庭主妇的责任。或许有一天会出现这样的情况，住户们只要向经营者付出一定的钱，就可以换到舒适家庭生活所需的一切东西。也就是说，管理部门将成为每个家庭的管家。

如果这样理解也可以——"房子（house）"在经过演变之后，将成为与英语单词"家（home）"一样包含着崇高的含义的词语。这里的家不光包括砖瓦和墙壁，而是拥有生命和灵魂的！它就像一位温柔、宽容的母亲一样张开双臂去迎接和拥抱自己的亲人；它将道德、幸福给予了家人，哺育、关心、教育着自己的孩子。在这样的家里，工人在疲惫了一天之后能够获得充分的休息，能够以饱满、崭新的热情去迎接第二天的生活。在这里，我们能够找到家庭的幸福和快乐。妇女们就像脱茧而出的蝴蝶一样获得了新生，再也不是男人的附庸。她们会像男人一样，变成独立、自由的人，成为社会的一分子。在这里，她们也将像男人一样获得幸福，得到充分的休息。

　　每个女人，都应该希望自己得到别人的爱，而不再只是一个供人消遣和享受的玩物。她应该希望自己不要再去做跟仆役一样的工作。人类的爱情，不应该以实现自我满足为目标，而应该有一个更为崇高的目标，即让人类向往自由的精神力量变得更加强大，进而也使爱情变得更加伟大，然后在纯洁而美好的爱情中，让人类不断繁衍下去。

　　在尼采所描述的查拉图斯特拉的女人身上，这种理想化的爱情曾经非常具体地被表达了出来：她由衷地希望儿子能够比自己更幸福。她问自己的丈夫："为什么你会需要我？难道不是由于独居的生活过于危险了吗？

　　"假如像我说的那样，那就请你离我远远的。我盼望你能够成为一个征服自我的男人，一个胸怀广阔的男人。我希望你能够拥有一副健壮整洁的身躯。我希望两个人的身躯和灵魂可以完美地结合在一起，创造一个属于我们的儿子！创造一个无与伦比的、更加完美、更加健壮的儿子！"

　　男人结婚之后的首要目标就是主动培养更加优秀的后代，但很少有人去思考这样一个伟大的目标。未来，社会化的家庭将变得生机勃勃，富有远见，令人感到非常亲切。这样的家庭既是教育者，又是安慰者。什么样的人会十分期待这样的家庭呢？是那些愿意培养更为优秀的后代，让人类绵延不息始终保持繁荣的夫妻，他们会觉得这样的家才是自己真正值得拥有的。

第四篇
蒙台梭利教育方法大纲

很显然，在传统教育以及其他一些广为人知的教育方式中，孩子并没有被当作真正的人。孩子们在自己人生中最初的几年间，通常会被强迫去迎合大人的世界，因此导致孩子的天性完全背离。在这些教育方式中，孩子只是被设置成了"未来式"，而不是"正在进行式"。所以，只要孩子们还没有长大成人，他们就无法得到真正的重视。

需要着重强调的是，孩子与其他所有人都是一样的，也有着自身独立而特别的人格。他们所进行的创造是神奇而富有尊严的，我们不但绝对不能去扼杀这种创造力；而且他们的心灵纯真而敏感，也需要大人们非常小心地去呵护和关爱。对大人来说，所想的事情不能只是保护孩子那娇弱的身躯，也不能只考虑给孩子喂东西、洗澡、穿衣服等等这些物质上的事情。没有人只靠面包就可以一直活下去，这句话用在孩子们的生活上真的是再合适不过了。在这一阶段，物质不是最重要的，而且物质可能会让任何一个年龄段的人陷入堕落的状态。受到物质奴役和驱使的孩子和大人，都会感到深深的自卑，同时也失去了所有的尊严。

实际上，成人所生活的社会和环境对孩子来说并不是完全合适的，因为在他们生活的环境里，孩子一直都是被隔离起来的，他们无法了解真正的成人社会是什么样的。由于孩子在面对这个把他排斥在外的社会环境时感到无法适从，所以大人只能把他们送进学校接受教育，但是到了最后，学校通常会成为禁锢某一部分孩子的监牢。现在，我们可以清楚地看到，采用过时的教学方法教育孩子的学校，对孩子的成长已经造成了非常严重的影响，在那样的学校里，孩子不仅会在身体上受到创伤，在精神和道德上也遭受了巨大的痛苦。教育上出现的最基本问题在于，直到今天，对学生性格方面的教育仍然被忽视。

与此同时，我们发现在家庭内部也存在着同样的错误。每个家长想的都是孩子将来应该怎样，却从来没有家长考虑孩子现在应该怎样，可是孩子现在想要存活下去，需要的东西就有很多。通常，现在的家庭大都只注重孩子在物质和生理上的需求，并且将这些作为孩子全面发展的一项准则，家长们只看孩子是不是能够吃好、身上是不是干净、穿得是不是暖和以及玩耍的场所空气是不是新鲜等问题。

孩子出于对自身全面发展而产生的所有需求中，最经常被人们忽略的就是人性中的一个特质——精神上的需要。孩子的人格始终隐藏在内心而没有显现出来，人们所看到的，只是孩子们为了极力维护自身所采取的一系列负面的行为和反应，诸如尖叫、哭泣、害羞、说谎、不听话、自私和破坏东西等不当行为。假如我们觉得这些自我保护的方式就是构成孩子性格的所有要素的话，那我们就犯了一个很大的错误。如果我们犯下了这样的错误，那么接下来我们就会认定，我们必须要用最严厉的惩罚来帮助孩子改掉这些坏毛病。这就是通常人们所说的体罚。可是孩子造成这些负面反应的原因，往往是道德的缺失或者精神上的不协调，这两者所产生的后遗症都可能会对孩子的一生造成影响。

我们都清楚，一个人一生之中最为重要的阶段就是童年，道德的缺失或精神上的病态都会对这个人造成极为致命的影响，其严重性丝毫不逊于身体上的挨饿受冻。由此我们可以知道，儿童教育的确属于人类发展教育中的关键一环。

正因如此，我们的肩上承担着很大的责任，所以需要更加谨慎小心地去了解令孩子精神匮乏的原因，并且努力融入孩子的世界。在大人们无数的规定和制度下，孩子似乎永远都有犯不完的错。到目前为止，我们也总是习惯于对孩子所犯的错误进行毫不留情的批评。但是从今天开始，我们必须要扮演一个比以往更加温和的角色。就像美国文豪爱默生[①]所说的那样："童年是一个人永恒的救世主，它反复地来到已经堕落的人身边，想要将他拉到天堂里去。"如果我们了解了儿童教育的需要是多么的迫切，我们就可以为人类福祉做出更大贡献。

在成人的复杂世界里，每一个孩子都不可能过上正常的生活。大人们不停地监督孩子、教训孩子，不间断地向孩子们下达各种命令，孩子的发展因此受到很多的阻碍和干扰。在这样的情况下，孩子在自己萌芽的过程中，所有的生命力都变得奄奄一息，在孩子的心里，只有一个念头：赶快摆脱自己与每件事、每个人的关系，获得自由和解放。

因此，在孩子的生活中，我们不能再去扮演看护员的角色，孩子们需要一个尽量不受家长监督、不被家长命令压得透不过气来的环境，这也是我们最需要做的事情。但是，这样的环境越是要满足孩子们的需要，就越要限制老师这个角色的权力。我们一定要牢牢地记住一个最基本的原则——让孩子们获得自由，但这也绝不意味着要放纵他们，更不是对他们不管不问。

对于孩子可能会遇到的问题，我们能够给予的，不能只是被动的帮助和冷淡的关怀；正好相反，我们应该让自己变得充满爱心，细心地关注并鼓励他们的发展。而且，作为一项工作，给孩子们准备一个合适的成长环境，也是非常严肃的，因为我们需要为孩子们创造一个崭新的童

---

① 爱默生（Ralph Waldo Emerson, 1803—1882），美国思想家、文学家。爱默生是美国文化精神的代表人物，美国总统林肯称他为"美国的孔子""美国文明之父"。以爱默生思想为代表的超验主义是美国思想史上一次重要的思想解放运动，被称为"美国文艺复兴"。

年世界。

一旦我们把孩子能够用到的家具摆放好，立刻就能看到孩子们的活动出现了令人欣喜的变化。孩子们所做的每一件事在一瞬间就符合了我们的期望，他们在一起相处得十分和谐，也没有发生任何意外和危险，因为他们明白自己想要什么。对儿童来说，进行活动的想法要比吃东西的想法强烈得多，之所以我们不经常看见类似的情况，是因为目前的环境不协调、不自然，缺少让孩子们进行活动的动力。假如我们能够给孩子提供一个合适的环境，那么我们就能发现，一个个原本噘着嘴的"麻烦精"，立刻全都变成了快乐活泼的孩子。有些孩子原本被称为"房屋破坏狂"，这时就会变成一个小心翼翼地爱护身边物品的守护者；原来又吵又闹喜欢到处乱跑的家伙，此刻全都变成了安静而又非常遵守纪律的好孩子。假如由于缺少了一个适合让孩子进行活动的外部环境，导致孩子旺盛的精力没有地方发泄，那么孩子们就只能凭着自己的直觉去寻找那些容易消耗体力的事情做，借此来磨砺自己的才能。

现在，我们已经非常熟悉那些为了孩子智力增长所专门设计的学习工具了。市场上能够找到一些设计精美、颜色鲜丽的小型家具，它们的做工非常轻巧，孩子可以轻松地搬动它们，假如不小心撞到了这样的家具，它们马上就会应声而倒，这样就不会让孩子们受伤。此外，由于这些小家具的颜色非常浅、非常淡，如果被弄脏，孩子们也可以马上发现，然后就明白应该把它们洗得干干净净，这样他们也顺便学习了如何使用水和清洁剂进行简单的洗涤。孩子总是喜欢找一个自己最喜欢的地方，然后舒服地待在那里；而且，由于这些小家具非常轻，任何一个突然、剧烈的动作都会令它发出极为夸张的挤压声。慢慢地，孩子们就会格外留意自己的一举一动。有些陶瓷或者玻璃做成的小物件，也可以作为孩子的教具，因为一旦这些东西掉在地上摔碎了，就永远都不会再有了。而孩子得到的最严厉的惩罚，就是那种失去了心爱物件的悲伤。

每个孩子在失去了心爱的东西之后都会变得十分难过。谁又能忍心看着在摔碎的花瓶前面满脸涨红、伤心得大哭的一个孩子，却不去安慰他呢？但从此之后，这个孩子再有机会去拿其他易碎品时，他就会变得非常小心。

如果孩子所犯的错误很小，家长或者老师只要在旁边静静地观察就好了，不要加以干涉，这本身就能够对孩子形成很好的教导。逐渐地，孩子就会觉得自己似乎听到面前的东西在跟他讲话："嘿！我这个茶几刚刚上好油漆哦，要小心啊，不要刮伤了我，也不要弄脏了我！"环境自身和物品的美感也能够让好动的孩子变得小心谨慎。所以，每一样孩子使用的物品最好都能够引起他们的注意力。比如准备很多块不同颜色的抹布、很多把颜色鲜艳的刷子以及很多形状有趣的肥皂。这些东西能够吸引着孩子们想去摸摸它们，自然也会让孩子想要学会怎么使用它们。由于会被不同颜色的抹布吸引，孩子们就会知道抹布是擦桌子用的。同样，孩子也能够明白刷子是用来刷衣服的，肥皂是用来洗手的。这样一来，每个角落都有能够吸引他的好看的东西，并且吸引着他去学会如何使用。老师也无须整天盯着孩子："卡尔，去把你的衣服刷干净"，或者"约翰，把你的手洗干净"。一个主动自己梳头发、自己换衣服、自己系鞋带、自己扣扣子的孩子，从他的喜悦和成就感就能够反映出人性的尊严，而这些都是靠着独立自主获得的。

孩子通过工作所获得的快乐，使他们在做每一件工作的时候都充满了热情。在擦门把手的时候，他们会花上很长时间，将门把手擦得锃亮，就像一面镜子。即便是一些简单的工作，如掸灰尘或者扫地，他们也一样会非常小心。很明显，让孩子受到鼓舞的并不是他们完成了多少工作，而是这些工作可以让他们充分发挥自己的潜力——孩子们能够花多长的时间专注于一件事情，取决于他们有多少潜力可挖掘。

孩子天生就不喜欢反反复复地去做一件同样的事，但是重复可以使孩子变得熟练。我曾见过这样一群很小的孩子，他们可以独自脱衣服、穿衣服、扣扣子、系蝴蝶结、系鞋带，还能把碗筷摆放得整整齐齐，甚至会帮大人洗碗、洗杯子和盘子。由于旺盛的精力，不但让孩子们学会了很多事情，而且还让他们懂得帮助其他还不太明白怎么做的孩子。我曾经见过一个孩子帮着另一个小一些的孩子穿上了围兜，又帮他系好了鞋带。一个孩子失手打翻了一碗汤，另一个大一些的孩子就马上动手将地板擦干净了。

孩子们在洗碗和盘子时，不光会洗自己的碗和盘子，也会将其他的脏碗和盘子都洗干净；当他们帮忙摆放碗筷时，他们不仅会摆放好自己的碗筷，也会帮忙摆放好其他人的碗筷。更重要的是，孩子并没有觉得自己是在帮助其他人，也没想过要得到任何奖赏；对一个乐于助人的孩子来说，为别人做事本身就是一种奖赏。一天，有个神色黯然的小女孩在摆放着热汤的餐桌前坐着，一句话都没有说。原来是有个小朋友答应让她帮忙摆放碗筷，可是他却忘了这件事。小女孩因此失望得连汤都不想喝，她那小小的心灵因此受到了伤害，居然让她到了茶饭不思的地步。

这样一来，孩子们也发展了自己外在的社会行为；他们对自己的目标非常明确，并且能够轻易地完成。让孩子身处一个可以自己动手的环境之中，为孩子提供一个可以自己完成的目标。真正的学习兴趣需要建立在非常深厚的基础上，孩子按照自己的方式去做事，目的是为了满足活动的驱动力和发展的需求。但是，要想让他们的驱动力获得满足，就必须先设定一个明确的目标。

有时候，孩子会洗很多次手，倒不是孩子的手真的有多么脏，只不过由于孩子的手长在他自己的身上，只要看见了自己的手，孩子便会产生些与手有关的联想——比如将手打湿，打上肥皂，然后用毛巾擦手。另外，诸如扫地、给花瓶换水、把小桌子排列整齐、铺好床单、把晚餐的碗筷摆放好——这些工作都可以让他的肢体得到合理的锻炼。每一个感受过家务的劳累之苦，却又必须要做家务事的人，都肯定能够知道，看上去非常简单的家务，实际要花上很多的力气才可以做好。特别是现在，当人们不断强调体操与运动对身体的重要性时，不要忘了还有一些其他的运动方式——比如说做家务，尽管这并非通常意义上那种机械式的运动，但它的目的却非常明确。

看见孩子们非常高兴地去做日常生活中的那些练习，所有到"儿童之家"来参观的人都觉得非常惊讶，不过这还不是最关键的事情，这只是一个开端，是孩子所有童年活动中所占分量最轻的事情。

科学家、思想家通常会留给人们"专注于沉思"的印象，有时甚至到了脱离现实的地步。牛顿思考问题以至于忘了吃饭，这样的逸事大家都知道；还有阿基米德正在思考数学计算的问题时，连西拉克斯市被征服沦陷都没能让他受到干扰，直到敌人到了阿基米德的面前，他才被吓了一跳。这些故事旨在凸显出一项人类的特性，那是比沉思更为重要的——专心。每一项伟大的发明的背后，科学家除了要拥有丰富的知识和文化的内涵，还有更重要的一点，就是要拥有与世隔绝的、全身心投入在工作中的专注力。

如果一个孩子的活动恰好可以和自己的内在需求相匹配，孩子们就用自己的表现告诉我们他需要什么。通常，孩子会千方百计地与身边的人去做同样的事情。

不过也有个别的孩子有一些特殊的需求，当孩子专注于自己的工作时，一定想与周围的所有人、所有事完全地隔离开来。在神奇而又丰富的秘密世界中发现亲密的孤独，没有人能够帮他们感受到这一点。假如受到了干扰，这种感觉就会被破坏。他们的思想是在从外部世界获得解放之后形成的，它必须依赖于内在精神的培养，四周的环境无法对我们产生任何的影响。

很多伟大人物之所以能够如入定般进入沉思的状态，正是因为他们具有这种内在的精神力量。还有一些伟大人物则借助于内在思想的力量，通过静思和慈悲的心肠感化了众人。再就是一些人经过了长期的离群索居，突然有一天他们感到自己应该去帮助他人，应该为解决他们所面临的困难提供帮助，他们不仅能够对陷入仇恨与被侵略处境的同胞伸出援手，而且会以无比的耐心包容他们的错误和缺点。与此同时，我们还有一个发现，在劳动和专注力之间，有一种非常紧密的联系存在。乍听之下，这似乎是很矛盾的两件事，但其实它们是相互依存、相辅相成的。精神的力量能够给予人们日常生活所需的动力，反过来，日常生活也通过身体上的劳动活跃了用来思考的大脑；而生理上的消耗则会不断通过精神的支持获得补充。一个人如果了解了自己，就会尽量满足自己的内在精神需求，就如同面对睡觉、吃饭等生理需求一样。而如果他忽视了精神上的需求，则会陷入危险的境地，就像身体在感到困倦、饥饿时却毫无反应。

在孩子的身上，我们发现，他们也都具备这样的思考能力，也能够激发源自内心的专注力。所以很明显，专注力并不是超凡脱俗或天赋出众的人专有的一种特质，而是每个人都拥有的天性，不过只有很少的人在长大之后仍然能够继续拥有。

如果我们对孩子能够让人另眼相看的专注力予以重视的话，就不会只对我们觉得有用的工作展开讨论。有些东西虽然看似没有用，但孩子一看到就会受到它们的吸引。孩子会通过自己能够想到的所有方法来把弄这些东西。不过孩子把弄这些东西的方式也许不会显得那么有条理；他通常会将刚开始玩的东西弄得一团糟，然后再重新开始玩。孩子们会多次地重复相同的玩法，尽管看上去他们玩得似乎不是非常起劲儿，可事实上，我们是在见证一种非常特别的场景。最初当我发觉这种情况时，我感到非常吃惊，我学过的无数心理学理论一瞬间在我的面前全都崩塌了。我甚至想大声问自己这到底是不是真的！在我面前呈现出来的这一奇特的场景，竟然让我感到那么新奇。一直以来，人们都相信——就连我本人也是这样认为的——孩子不可能在一件事情上面保持长时间的专注。可是，我曾亲眼见过一个只有 4 岁的小女孩，正在非常认真地、专心地，尝试着将很多不同大小的圆柱体分别放进对应的凹洞里。她小心翼翼地将圆柱体一个一个地放进里面，等到所有圆柱体都放进去之后，她又把全部圆柱体都倒了出来，然后再将这些圆柱体一个一个地放进里面——就像玩不腻似的一遍又一遍地玩着。我在一边给其他的孩子讲故事。等到小女孩玩了 14 遍这个游戏，我又来到钢琴前面，邀请孩子们跟我一起唱歌。但这个小女孩仍然一动不动地玩着那些圆柱体，甚至连头都没有抬一下，她似乎完全忘记了身边的事情。突然，小女孩停下手，然后从地上站了起来，脸上带着微笑，眼睛里闪着亮光，她看起来非常高兴，一副满足、平和的样子，就像清晨醒来之后被和煦的阳光照耀和包围着一样。

此后，我又观察到很多次类似的行为。如果孩子做完了一项十分有趣的工作，他们总会显现出一副平静又非常愉快的样子。在孩子的灵魂深处，就如同开辟出了一条宽阔的道路，激发出了孩子的所有潜能，将孩子好的一面完全展现了出来。不论对谁，孩子都表现得非常和善，愿意帮助别人，而且始终都非常友善。有时，其中一个孩子会悄悄地来到老师的身旁，小声地说道："我可是个好孩子呢！"就像是为了让别人相信这是个很大的秘密。

很多学者都从正面肯定了这一现象，不过对我而言却有着特别的意义。因为我将发生在孩子身上的这一切，都当成了一种法则，并借此解开了教育上的诸多问题。我很明白，秩序观念的形成以及智力、性格和情绪的发展，必然都是来自这样一个被遮蔽的源头。因此，我开始寻找一些可以让孩子保持专注力的实验道具，然后又精心地布置出了一个可以帮助孩子提高专注力的最好的外部环境。

一切教育方法都坚持着相同的教育原则：学会抓住学生宝贵的专注时间，并将其用在说、读、写故事上面，然后再进一步应用于语法、数学、外语等科目。除此之外，心理学家们也都认可一件事情，那就是教学方法只有一个——让学生保持强烈的兴趣和高度、持续的注意力。因此，教育的要求只有一个：通过充分激发孩子的潜能，达到让他们自学的目的。这样做可行吗？答案是不但可行，而且非常有必要。要想培养专注力，就必须慢慢地培养孩子的注意力。最初，可以选择那些辨识度较高，容易在感官上吸引孩子的物品。例如：不同种类、不同大小、不同颜色的圆柱体，可以发出不同声音的乐器或其他教具，用触觉可以分辨出来的、表面粗糙程度不同的物品，等等。然后，再去教孩子字母、写字、阅读、语法、设计以及更为复杂的历史、数学和科学等。这样，孩子的知识就可以通过递增的方式进行积累。

所以，对新任老师来说，这样的工作就变得非常微妙，而且还有一定的困难。孩子可以找到学习和前进的方向，又或者是受到了阻碍，完全取决于老师的引导。一个刚刚当上老师的人，在面对孩子的时候，感到最难理解的，就是为何一定要克制自己，不要对孩子多加指导。老师必须要清楚，他绝对不能对孩子的自律施加影响，而应该对孩子自身所蕴藏的潜力充满信心。当然，在很多情况下，有些老师通常会无法自我控制地去教孩子，去纠正他们或是去鼓励他们，不由自主地想在孩子面前炫耀自己丰富的经验和深厚的学识；不过，老师最终还是要控制住这种虚荣心，不然的话就无法取得满意的成效。

一个在教育方面不得法的老师，只能依靠勤奋来弥补自身的不足。他需要有计划地为孩子们营造合适的环境，准备好具有明确用途的教具，同时细致地引导孩子去学习日常生活中能够接触到的实际工作。对于老师，我们的希望是，他可以辨别出哪一个孩子做的是对的，哪一个孩子做的是错的，老师一定要保持沉着和冷静，并且随时守在孩子的身旁，适时给予孩子们爱和信心。

　　老师是为全人类的福祉做贡献的人，他必须要像将自己献给炉火的女神维斯特一样，去保护别人已经点燃的小火苗，不要让它受到一星半点的污染；他必须要将全部身心都奉献给孩子，点燃他们那纯洁的心灵火花。因为一旦忽略了孩子的心灵火花，它很可能就会永远熄灭，再也不能点燃。

第五篇
如何培养儿童的注意力

当儿童处于一个有利于精神成长的环境中时，我们想要看到他们能够将注意力集中到某一个目标上面，然后带着目的去做这件事，而且还会不停地重复去做。有的孩子可能会重复 20 次，有的孩子会重复 40 次，还有的甚至能够重复 200 次。这便是我们想要看到的第一种场景，这也是与精神成长关系密切的那些行为的先导。

很明显，是源自内心的原始冲动，促使儿童表现出了这种活动的迹象，甚至可以说像是一种模模糊糊的精神上的饥渴。要让这种饥渴感得到缓解，就必须要把儿童的思想引向一个明确的目标，引导着它们慢慢变成一种最基本的智力活动，但是在对比、判断、决定一个行动，或是纠正某个错误的过程当中，又表现得比较复杂和重复。假如某个孩子长时间地玩积木，连续几十次都把积木放到了该放的位置，然后又移开；或者是他自己给自己出了一道难题，然后自己又把这道题解开了——如果他对这些的兴趣变得越来越大，并且试图不断地去重复这些动作，那么他就加强了促进思想发育的复杂的心理活动的练习。

或许正是因为这种内在意识的发展，儿童在摆弄这些东西的时候显得很愉快，玩耍的时间也会变得更长。就像一个口渴的人，只看着水或是小口地喝水是无法让他感到满足的，必须让他大口大口喝个饱，换言之让他喝到满意为止。所以，要想满足这种生理上的饥渴，单单好奇地观察是远远不够的，更不要说光是听别人描述怎么做了。必须要拿到自己的手里，尽情地把玩，直到心满意足才能罢休。

我们可以将这个事例视为心理建构的根基，这也是教育唯一的一个秘诀。外部的目标是对内部精神的锻炼和培育，这样从"内部"进行锻炼对其本身而言，可以说是行为的终极目的。所以，在孩子玩积木的时候，立体的插板不光可以传授给孩子大小的知识，平面插板也不光可以向孩子解释关于形状的问题。它们的目的与其他所有的工具一样，都是为了让孩子的能动性得到锻炼。通过这样的方法，他们的确掌握了真正的知识，并且令掌握这种知识的熟练程度与自己注意力的专注程度形成了正比例关系。正是由于准确地获得了关于形状、颜色和范围等感官知识，因此才让这种内部活动在不同的领域进行扩散，并且拥有了取得更大成就的可能。

直到目前，所有的心理学家都有这样一种共识，三四岁孩子的注意力具有不稳定性；他们会受到自己所看见的每一样东西和事情的吸引，他们的注意力会从一个目标转向另一个，让他们专注于某一个固定目标是很困难的。通常来说，儿童不能保持高度的注意力是开展儿童教育的一块绊脚石。威廉·詹姆斯[①]曾经这样说："我们都明白，儿童的注意力具有极大的不确定性，这种不确定性会让他们的第一堂课变得很混乱……注意力具有被动性和反射性……引起儿童注意的似乎更多的是偶然情况下发生的，很少是他们主动注意的，这是教师在教育过程中首先要克服的一个困难……能够一次又一次让注意力主动从恍恍惚惚的状态中恢复到正常状态，这种能力是培养孩子性格、判断力和意志的源头……所以增强这种能力的教育可以说是最好的教育。"

因此，如果一个人只是由着自己的天性自然成长，那么就永远不可

---

① 威廉·詹姆斯（William James，1842—1910），美国哲学家、心理学家。他和查尔斯·桑德斯·皮尔士一起建立了实用主义，被誉为"美国心理学之父"。

能将自己游移不定的注意力集中起来，而只是不断地从一个目标转移到另一个目标。

其实，在我们所开展的教育实验中，幼童的注意力从来都不是靠教师的人为培养形成的，而是由于目标的出现令孩子的注意力变得集中了，好像是满足了内心的某种冲动，这是一种非常明显的东西，仅仅依靠他们成长发育的"需要"的引导就能够形成。同样道理，新生儿之所以能够完成那些复杂而又协调的吸吮的行为，也是因为受到了一种无意识但又最重要的营养需要的控制，而这却不是一种目的性极强、有意识习得的特性。

确实，新生儿的口腔不可能有目的、有意识地去习得这种行为，儿童第一次开始产生内心活动也是同样的道理。所以，最先呈现给新生儿外部刺激的应该是他眼前看到的妈妈的乳房，是吮吸进嘴里的妈妈的乳汁，这些是很重要的。只有在这个时候，我们才发现孩子的脸上表现出来了一种令人惊奇的现象——他的注意力变得高度集中了。

一个只有3岁的儿童能够连续重复50次同样的动作，尽管他的身边有很多人——有的人在弹钢琴，而孩子们则聚在一起合唱歌曲，却没有人能够分散他那已经高度集中起来的注意力。还有正在吸吮母亲乳汁的孩子也是如此，他绝对不会为了外界发生的事情而停止吸吮的动作，直到他吃饱为止。

这样的奇迹只有大自然能够创造出来。假如心理表现的本身便植根于大自然，那么为了更好地理解和帮助大自然，我们就有必要对大自然的初始阶段进行研究，因为那些通常是最简单，却也是唯一可以揭示的真理。这些真理可以作为指南，用来解释后来那些更复杂的现象。现在已经有很多心理学家开展了这样的研究，不过他们在采用实验心理学的方法进行分析时，却没有从生物科学开始自己的研究，他们观察的对象是活着的、自由的生物。例如费贝尔在研究昆虫时就没有进行任何的干扰，而是任由昆虫自由自在地展现它们的自然形态。如果他只是单纯地将昆虫抓进瓶子里用来做实验和开展各项研究，他就绝对不可能发现昆虫的生命奇迹。

假如细菌学家没有设定一种研究方法，创造一种在温度条件和营养物质等方面符合细菌繁殖的环境，使细菌可以自由地生长并展现它们的特点；假如他们只是在显微镜下固定观察某一种疾病的细菌，那么，这门可以挽救很多人生命、让整个民族避免传染病的科学今天也就不会存在了。

所以，通过多种方法观察、研究生物的真正的基础是这些生物的自由生存。

研究儿童注意力现象，自由是基础条件

我们只需要注意一点就足够了：能够刺激并让婴儿注意力集中起来的东西，大多数都是感官上的，这就需要保证他们在生理感官方面的强大的适应性。从生理角度来说，婴幼儿在生理方面发育得还不全面，这就要求在培养这种适应性的时候遵循自然的规律。不适合成为对婴幼儿发育过程中具有刺激作用的物品，也不会吸引他们的注意力，反而会让他们觉得疲劳并且伤害他们的生理器官，比如耳朵、眼睛等。但假如儿童选定了一种物品，并全神贯注地把玩这些物品的时候，他们脸上的表情就会显现出一种愉快的表情，而这正是他们健康功能活动的表现之一，这种表情经常会伴随着对身体各器官有益的活动而出现。

同样，注意力也需要一种观念性的准备工作，而且要与外部目标产生某种关联，换一种说法，就是需要心理上的"适应"。当外界事物对大脑产生刺激时，中枢神经就会通过内部某种既定的程序依次变得兴奋起来。举个例子，一个人正在等人，当他看见要等的人正走过来的时候，那个人首先会出现在他的视线中，由于他正盼望着对方到来，所以当对方隐约的身影出现时，他的大脑的中枢神经就已经兴奋起来了，所

以他的注意力就会始终集中在这方面。猎人能够敏锐地察觉树林中野兽发出轻微的响声，也是同样的道理。简单来说，内外两种力量对脑细胞所产生的作用，就像是对一扇关闭的门施加作用："敲门"的一方是外部的感官力量，"开门"的一方是内部的力量。倘若内部的力量不想把这扇门打开，那么外部的感官力量即使"敲门"也没用。即便是最强烈的外部刺激也一样。譬如，一个人正在风景如画的峡谷中游玩，但他却心不在焉；而另一个人正专心于某一项工作，他也有可能完全听不到街道上正在表演的乐队的声音。

注意力的核心是由伟大的心理和哲学价值观因素构成的，在教学方法上，它也总是能够在实用性上展现出最大的价值。教师这门艺术的本质就是在教学过程中牢牢抓住孩子的注意力，确保在教师"敲门"的时候，儿童也能在同时用自己的内部力量去"开门"。但是当孩子完全不清楚或不理解自己的目标时，他们便不会对此产生任何兴趣，这时，需要采用的基本教学原则就是要将他们从已知带入未知，从简单带入复杂，进而让儿童产生期望，并将注意力集中到所期望的事情上面。

所以，根据教学法的定义，"为个人选择合适的位置"——为了让注意力集中而做好心理准备也是可以的。在所有已知、未知或者类似的事情中间，都需要依靠某种技巧来操纵。优秀的教师能够像一位伟大的军事家那样，只需要站在办公桌前面策划一场战斗就足够了。可以这样说，人是能够指挥别人的，他可以将其他人带到任何一个那个人想去的地方。

要想永远熟练地掌握心理学，就要一直坚持唯物主义原则。赫伯特·斯宾塞[1]认为，从某种程度上来说，人的内心一开始就是一块普普

---

[1] 赫伯特·斯宾塞（Herbert Spencer，1820—1903），英国哲学家、社会达尔文主义之父，他提出将"适者生存"应用在社会学，尤其是教育及阶级斗争。同时，他的著作对很多课题都有贡献，包括规范、形而上学、宗教、政治、修辞、生物和心理学等。

通通的黏土，它的外部因素是"雨"，雨水打在黏土上，留下了或深或浅的印迹。按照他和英国经验主义者的理论，构成"经验"的元素，就算在最高等级的活动中也是一样。造就人类的正是经验。所以，在教育发展过程中，如果有一种适当的经验体系，就能够造就一个人。从分析化学发展到合成化学，再发展到有机化学，人类取得了伟大的进步，唯物主义的理论也开始占据越来越重要的地位。有人认为，蛋白是能够靠人工手段来合成的，因为蛋白是构成细胞的基本成分，而且人类的卵子也是细胞，因此在将来，人类或许能够在化学家的实验室里制造出另外一个自己。可是，在这样一个物质的世界里，"人类是自己的创造者"这样的概念很快就会受到怀疑，而在教学方法的实践中，一些心理不健全的概念还在使用。

一切没有物质存在的活动、一切维持生命所必需的潜在力量、一切能够促进人体细胞生长和发育的神秘因素，都不可能被添加到细胞里面去。很明显，细胞就是一块很小的带核的原生质。

儿童很难将自己的注意力集中起来，这个现象好像是在对我们说，一个有思想、有判断力的人也会受到类似的自然法则的约束。

威廉·詹姆斯，这位现代派心理学家在他的最新理论中阐述了这样一个事实：在集中注意力这个行为过程中，与其紧密关联的是事物天然的属性，是一种"精神力量"，是一种"生命的神秘因素"。

"……因此人类不清楚自己的最高智慧是从哪里来的，也不清楚自己对于最高的物质欲望是怎样产生的，人类更像是一只蜜蜂，只凭着自己的本能去酿蜜……"（但丁：《神曲·地狱篇》，第十八章）

人类天性中很大一部分是由他们对外部事物的独特态度所构成的，这种独特态度决定了他们的性格特性。他们的内部活动作为一种起因而发挥作用，不是像外部因素一样是为了对这个起因做出反应而存在。人类的注意力不会被他所认为不重要的东西吸引，而是被那些能够引起他强烈兴趣的事物吸引着。对我们的内心活动有用的事物，就能够引起我们的兴趣。因为我们的内心活动是因为对外部世界有选择而存在的，这与我们内心活动的要求也是一致的。在这世界上，画家所看到的颜色种类比普通人要多得多，音乐家则会受到各种声音的吸引。我们的注意力能够让自己得到展现，通过我们表现出来的态度，从外部进行展现，但我们却并不是由自己的注意力所创造的。每个人的性格、内心的状态、与其他人的差别，即便是在同样的环境下，也会很明显地表现出来，但他们只是从这个环境里获取个人所需的东西。用来构成个体的与个人有关的外部世界"经验"不会导致混乱的出现，但其熟悉的个体的能力却能够造成这种混乱。

通过内心深处的精神力量，儿童打开了注意力的大门

对于引导儿童心理形成的自然力量，假如我们有什么疑问的话，那么在我们应对孩子的实践活动中获得的经验可以解答所有的问题。任何一个教师都不具备让孩子集中注意力的技能。很显然，注意力还是内部因素在发挥作用。一个3—4岁的儿童所展现出来的集中注意力的能力，在历史所记载的天才之中几乎无法找到与之相似的人。这样的儿童似乎重新展现出了在婴儿时期所具有的那种超乎寻常的注意力，而有着这样超凡注意力的人，如阿基米德，他在计算循环问题时被敌人杀害了。据说，位于意大利西西里岛东部的港口城市锡拉库扎在被攻陷时，他的注意力都没有受到任何的干扰。牛顿也是如此，他专心研究学术，以至于忘记了吃饭和睡觉。还有意大利诗人维托里奥·阿尔菲耶里[1]，他在写诗的时候非常专注，就连路过自己窗前的结婚队伍的喧闹声都听不到。

---

[1] 维托里奥·阿尔菲耶里（Conte Vittorio Alfieri，1749—1803），意大利剧作家和诗人，被誉为"意大利悲剧的奠基人"。代表作为《克莉奥佩特拉》等。

　　但是，这些天才的伟大人物所拥有的注意力的特质是无法被那些通过兴趣来让孩子的注意力变得集中的教师给唤醒的，无论他的教学艺术有多么高超，而且所有被动经验的积累都不能使一个人成为这种心理能力的聚积者。

　　假如儿童依靠施加在自己内心的精神力量发挥作用，打开了自己注意力的大门，那么对儿童心智构建施加影响的教学艺术问题将不再是问题，关于自由的问题则成为必然产生的问题。在外部为儿童心理发育提供合适、必需的营养，尽量采取完美的方法来尊重发展的自由，从逻辑上来说，二者都应当是构建新的教学方法的基础。

　　19世纪时化学家们想要制造出侏儒来已经不再成为问题，真正的问题是怎样接过第欧根尼^①所提着的灯笼去寻找他所认为的好人。科学需要做的是通过实验来建立儿童基本生理需求所需要的东西，我们也能看到很多非常重要的、复杂的生命现象的发生。其中，智力、思想和性格的共同发展，就如同正常发育的儿童一样，他的大脑、胃和肌肉也在一起成长。

　　与第一次心理练习类似，第一次对于协调的认知会在孩子的脑海里留下深深的印记，已经知道的东西会在他的脑海里开始储存，也会让孩子第一次在智力上产生了兴趣和意识，对他的本能兴趣予以补充。这个时候，认知便会在孩子的身体内部开始建立一些属于他自己的类似注意的心理机制，现在的教育学家视这种机制为教学艺术的根基。从某个角度来看，这种演变又一次产生了——从已知到未知，从容易到困难，从

---

① 第欧根尼（Diogenes of Apollonia），活动于公元前5世纪前后，古希腊哲学家之一。他凭借宇宙论以及试图以古通今的思想而闻名。一生长住雅典。他的思想曾被剧作家阿里斯托芬在其喜剧《云》中予以嘲笑。亚里士多德曾引述其著作。除哲学外，他还撰有关于医学的论著。后人从其作品残篇中认为他是早期的经验主义者。

简单到复杂，只不过这一次演变带有独特的特性。

从已知到未知的这个过程，并不是像有些教师所想的那样，是从一件事物转移到另一件事物上，这种观念不是教师从自己内心思考所得出的观点，而仅仅是简单机械地将它们连成了一个链条，尽管与自身联系在一起，但却允许思想肆意漫游。另外，作为一种复杂的观念体系，"已知"已经在儿童的内心建立起来了，是儿童在自己一系列心理发展过程中主动、积极地建立起来的，它代表着儿童心理上的成长。

要获得上述种种进步，我们就一定要为孩子们提供一些系统、复杂、符合他们本能的东西。比如，我们要通过自己的感觉器官，为孩子们提供一系列可以引起他们对声音、形状、颜色、触觉和力气的凭本能就能注意到的物品，孩子们则通过连续与各种物体进行的特别活动，对自己的心理个性进行组织和发展，同时还能获取与这些物体相关的极有条理、极为清晰的知识。

自此以后，由于所有外部物体都有一定的形状、重量、颜色、尺寸、光滑度、硬度等，孩子们就不会对这些物体感到陌生。在他们的意识里，也开始产生某种特殊的东西，让他们总是盼望着见到这些东西，并且有兴趣去摆弄它们。

如果一个孩子能够在原始冲动的基础上增强自己对于外界事物认知的注意力，那么他就拥有了与外部世界的其他形式、其他关系的兴趣。这些兴趣不再只是那些局限于原始本能的兴趣，而是建立在了获得知识的基础上，而且形成了有深刻洞察力的兴趣。

的确，一些新习得的知识都是将个体的心理需要作为基础的。不过现在增加了智力的因素，并且把原始的冲动转化成了一种积极的、有意识的探索。

在传统的教学法概念中，要让孩子的注意力转移到其他未知的东西上面，就需要建立已知事物与它的联系。为了让孩子们获得、学到一点细枝末节的新知识——即便是我们已经通过实验进行了验证，我们必须这样做，才能让他们的兴趣转移到这一方面。

倘若已知的东西能够成为了解并掌握未知事物的新的源泉，那么按照自然发展的趋向，就很有必要让孩子获得"已知"本身。此前已经掌握的知识就会让孩子们对未知、复杂的事物变得感兴趣，而且这些知识对儿童本身来说也变得更为重要。

此外，这种文化本身就已经在孩子的大脑中建立了秩序。在课堂上，老师会明确地告诉学生什么是长，什么是短，什么是红色，什么是黄色的时候，他已经用尽可能简单的词汇清晰地对不同的感觉进行了分类和整理。每一种印象与其他的印象有着明显的区别，而且在头脑中也有着其明确的位置，只需要一个字就能让学生回忆起来。所以，新的知识不会被抛弃、忘记或是与旧知识混杂在一起，而是会适当地存储在一个合适的地方，与此前同类的知识归纳在一起，就像图书馆里排列得井井有条的图书一样。

这样，孩子在自己的内心世界不但获得了想要让自己知识变得更加丰富的动力，而且建立起了一种秩序，通过新知识的不断累积和丰富，这种秩序也得到了持续而稳定的保持。当这些知识不断增加，并得到了某种力量的时候，它就能够保持"平衡"。通过对不同的物体进行连续的比较、判断和选择等练习，能够让孩子对于物体之间联系的认识变得更有逻辑，其结果就是儿童能够变得眼疾手快，而且非常精准，又或者是短时间内提高自己的推理能力和理解能力，不管在什么地方，只要能够做到井井有条、活泼生动，那么"以最少的努力，得到最大的收获"这一法则就会变成现实。

如同心理适应一样，内部协调是作为一种自发性活动的结果建立起来的。要想让个性获得自由的发展，那么它的成长和自身组织也取决于某种内部条件，类似人的胚胎，在它发育的过程中，心脏会在两个肺之间为自己寻觅一个生长的空间，这是由于两个肺之间存在着纵隔肌，由于肺部的扩张，膈膜就会变成弓形。

教师会对这些现象做出指导，但是在指导的过程中，教师会尽量避免让孩子的注意力转移到教师的身上，因为未来一直都需要孩子们保持全神贯注的状态。所以，作为一门艺术，教师在教学过程中要理解并且不要去干预这种自然现象。

通过最小的努力深入挖掘儿童的潜能

我们之前已经讨论了新生婴儿的营养问题与第一次精神方面的协调活动问题，在人类生命中的每一个阶段，类似的问题都会重复出现，并且随着活动变得更加复杂而发生一些必然的变化。

现在来说说孩子的身体营养问题，让我们来剖析一下那些才长出新牙、刚刚开始分泌胃液、正在慢慢长大的婴儿，他们逐渐开始需要吃一些较为复杂的膳食，直到完全长大，借助现代社会所有复杂的烹调方式来制作满足自己身体所需各种营养的食物。为了保持自己身体的健康，他应该只吃与自己身体直接相关且符合需求的食物。如果饮食太过丰富或是不同寻常、不合适，又或者是吃了有毒的食物，其结果必然是出现营养不良、食物中毒甚至是死亡。营养卫生学作为一门研究儿童哺乳期和婴儿期营养均衡的学问，不仅为孩子，也为成年人明确指出了所有人都会面对的婴儿卫生学中的危险，可是这些危险却很少有人知道。

还有一个问题：关于心理生活，成年人要比孩子复杂得多，同理，成年人在满足本性需求与精神需求二者之间总是得到互相的呼应。而内心生活的原则对他的健康是有很大帮助的。

接下来我们来说说注意力的集中。在和大一些的孩子交往时，生命的本性与对本性的外界刺激之间应该是相互对应的，不管发生怎样的变化，它一直都是教育的基础。

我早已对即将到来的"专家们"的反对声做好了准备。因为他们觉得孩子必须要能够对每一种事物都保持注意力的集中，即便是那些东西让他们毫无兴趣——现实生活总是这样。

这种相反的观点其实是建立在一种偏见的基础上的。有一次，一位好父亲曾经这样说道："孩子要习惯去吃每一样食物。"同理，道德教育被放在了合理的范围以外——这是一个巨大的错误。不过有一点值得庆幸——这种强迫式的观点已经成为过去，假如还有家长存在这种观念，那当他的孩子在午饭期间不肯吃一道他不喜欢的菜时，这个家长就强令孩子只能吃这道菜，而且一整天都不能吃其他的菜。即便这道菜已经变凉、变得很难吃，到最后，孩子的意志被饥饿的感觉所削弱，他所有的幻想都破灭了，最终他只能将这道菜吞下去。这时，家长就会自诩在所有情况下都可以把孩子的生活安排得很好，自己的孩子什么样的食物都会吃，不管孩子爱不爱吃。而且自己的孩子是一个不贪吃也不任性的好孩子。在以前，家长认为孩子不能吃糖（而他们的身体却非常需要糖分，因为人体的肌肉在发育过程中需要消耗很多糖），为了让孩子明白贪吃是不对的，家长们采取的一个最简单的纠正方法，就是不让孩子吃晚饭，而让他们直接去睡觉。

为了让孩子们适应这种现实生活的需要，有些人依然坚持认为，儿童对于自己不喜欢的东西同样也要保持注意力，他们现在采用了一种类似的方式。但是，即使在身体极度需要营养的情况下，吃那些已经变凉的、令人没有食欲的食物也是无法让人接受的，消化不良、暴饮暴食只会让孩子们的身体变得更弱，甚至会对他们造成毒害。

如果像上面那么做，我们就无法拥有强大的精神，更无法应对生活中遇到的一切艰辛。喝了冷汤之后马上就上床睡觉的孩子通常会出现发育不良、身体虚弱等问题，一遇到传染病也很容易立刻病倒——因为失去了抵抗力。从道德的层面来说，孩子对于饮食的欲望根本没有获得满足，他会因此将满足这种欲望视为是最大的快乐和自由，等到他长大时，他会毫无节制、暴饮暴食。到那时，他会和现在的孩子产生多大的区别啊！如果孩子可以得到合理的喂养，就能够保证身体的健康，生活也会有节制，不酗酒、不暴饮暴食——吃饭就是为了身体的健康。现代人能够通过很多的方式来抵御传染病，而且可以主动与疾病进行斗争，他们勇敢地进行各种艰苦的体育训练，时刻努力准备开创伟大的事业，例如发现南北极、攀登世界著名的高峰。

而且，人类还可以勇敢地面对残酷的道德冲突，勇敢地承担来自精神上的折磨，这样的人意志非常坚定，他十分善于保持精神上的平衡，同时能够果断快速地做出自己的决定。

一个人，如果能够很好地正常开展自己的内心生活，让自己做好准备去面对已知的自然法则，并且形成自己的个性，那么他就一定能够具有坚毅的品格和健全的心智。为战斗做好准备，不一定要从出生的那一天就开始，可是他一定要保持强壮的体魄。只有这样的人才能够做好准备，没有哪一位英雄在干出英雄的业绩之前就被人称为英雄。未来的生活无论多么艰苦，都是无法预知的，没有人能够提前帮助我们准备好一切去迎接那些将会到来的困难和痛苦，只有那些体魄强壮、朝气蓬勃的人才可以应对一切。

每一种生物，如果它正处于进化过程中，那么为了保证自身的正常发育，就需要为它在某时某刻所面临的特殊情况提供特殊的保障。如胎儿一定要通过血液传递营养、新生的婴儿一定要靠奶水来喂养。一个在母亲子宫里发育的胎儿，如果血液中缺少氧气和蛋白质，或是有毒的东西进入了胎儿的身体组织，那么这个生命就无法正常孕育，即便是产后精心照料，也无法让一个先天不足的人变得强壮。假如婴儿一出生就没有足够的奶水吃，那么生命最初阶段的营养不足将令他永远处在一种劣等的境地。婴儿躺在母亲怀里吃奶、充足的睡眠，都是在为以后的行走做准备，正是因为不断地吸吮，婴儿的牙才会长出来。所以，巢中的雏鸟在为飞翔做准备的时候，不是扑扇着翅膀练习飞翔，而是一动不动地待在温暖的小窝里，享受这充足的食物供应。这是在为以后的生活做间接的准备工作。

鸟儿壮丽飞翔、野兽动作凶猛、夜莺歌声动听、蝴蝶斑驳美丽的翅膀等这些神奇的大自然现象，它们的序曲都是在隐秘的鸟窝、兽窝，或是在一动不动孤独的茧中开始奏响的。在生物的形成过程中，万能的大自然只要求保持宁静，其他一切则全等着大自然赐予就行了。

对孩子们来说，我们也应该为他们的精神找到一个温暖的巢穴，在这个巢穴里，只要保证充足的营养就够了，我们要做的就是静观其变。

所以，为了获得满意的结果，我们需要为儿童提供与他们的精神形成趋势保持一致的东西，那我们教育的目标是什么呢？就是付出最小的努力，最大程度地开发儿童的潜能。

第六篇
如何培养儿童的意志力

当一个孩子从很多物品中挑选出自己最喜欢的那一件时，当他从橱柜里将那件东西拿出来又放回去，或是将它让给小伙伴玩的时候；当他喜欢的东西正被其他小伙伴拿在手里，而他一直等到那个小伙伴把这件东西放在旁边不再玩的时候；当他长久地聚精会神地摆弄着一件东西，而且边摆弄还边将其中有错误的地方改正过来的时候；当他屏气凝神、安静地摆弄着一件物品，却听到老师在叫他的名字，他才缓缓站起身子，非常小心，蹑手蹑脚，唯恐会因为碰到桌椅而发出刺耳的噪声时，在上述这些情况下，他始终都在用自己的"意志力"来控制自己。可以这样说，在他的心里，他始终都在进行着意志力上的练习。不但如此，意志力是支配他一切行为和态度的真正原因，所有这些都建立在了他内心所连续保持的注意力的基础上。

意志力决定了一个人所有的行为和态度

意志力能够通过一个人的行为动作在外部表现出来：不管他做出什么动作，走路、工作、谈话、写字、睁开眼睛、闭上眼睛……所有这些行为都受到了"动机"的控制。同样，意志力也能够控制人的行为动作，例如控制自己不要因为气愤而做出不理智的行为，控制自己从别人手中抢夺自己喜欢的物品的想法等。所以意志力绝对不是行为动作上简单的生理冲动，而是一种非常理智的对行为的控制。

如果行为动作不完整，那么就不会表现出个人的意志力。那些想要好好表现自己却不动手去做的人，那些想要改正过错却从未付诸行动的人，那些想要外出、写信、打电话，却最终什么都不做的人，其实是一种意志力没有得到贯彻执行的表现。只是在心里想或心里希望怎么样是远远不够的，关键是要行动，这就是所谓的"想一千遍不如做一遍"。

意志的生命也就是行动的生命。人类所有的行为都是冲动和控制的结果，经过不断重复，二者形成的合力几乎变成了一种习惯性动作或是下意识的行为。这是事实，总结起来说，这样的行为习惯就形成了"教养良好的人的举止"。举个例子，今天我们想去看望一个朋友，可是我们很清楚，只要去看望他就会打扰到他，因为他今天有事无法接待我们，那我们就不要去了。再比如说，我们正在画室的一角舒适地坐着，此时突然有一位很有名望的艺术家进来了，所以我们马上就站了起来。再比如，我们认为一位女士并没有那么强烈的吸引力，可是我们仍然会向她鞠躬、行吻手礼。又或是我们非常喜欢吃邻居自己制作的蜜饯，但我们仍然尽量不会去向其他人表露这一点。我们做出上述行为动作并非出于某种冲动或厌恶的情感，而是我们自己觉得这样做才是端庄得体的。如果没有冲动，就不会有社交活动；但如果没有意志，我们便无法控制、指引、利用这种冲动。

这两种作用力可以说是完全相反的，二者之间存在着互惠互利又互相制约的关系，这是靠着长期训练得到的结果，也是人类社会古老相传的习俗。在做这些的时候，我们并不需要费多大力气，也用不着用知识去推理。所有这样的行为几乎完全是一种自然形成的条件反射。可是我们要进行讨论的绝不是那种条件反射的行为，而是一种成为习惯和自然的行为。我们非常清楚，在一个人成长的过程中，如果没有接受关于遵守纪律的教育，只是草草了解了一些与纪律有关的知识，那么他就经常会犯下大错，甚至因此而犯罪，因为他所做出的一些需要协调的自发行为动作都是被迫"执行"的，并且在警觉与意识的操控下来对这些动作进行指导，这种长期的、持续的努力和风度高雅的人的"习惯"相比是有着极大的差别的。在意识以外或是意识的边缘的地方，意志力在储存着持续的努力，并且让意识没有任何阻碍地进行着新的发现，然后做出更大的努力。所以，那些可以从中发现意识的存在的习惯，已经不再被我们认为是确凿的意志力的证据，从某种程度来说，那只不过是观察、注意每个动作，可能只是与社会风俗中认可的风度举止相符合。既然这样，如果一个人在受过教育之后做出这样的举动，那么只能表明他是一个"心智健全"的人。

实际上，能够让建立在广泛适应的基础上的人格变得崩溃，令人不再做出礼貌的行为举止的，只有疾病这一种可能。我们都知道，神经衰弱的病人在刚刚表露出偏执症状的时候，看上去只是行为修养变得有些糟糕。

此外，举止合度的人最多只能算是普通人，我们不会将他称为"意志力坚强的人"。这种人的意识始终都在接受考验，所以那些储存在意识以外或意识边缘的机制，便不具备"意志力的价值"。

当孩子初次"考验"自己的手臂时，他的本性与刚刚所描述的完全不同。跟成年人相比，这个小生灵的平衡力还未得到完善，所以他几乎总是变成冲动情绪的受害者，有时还会屈服于最顽固的控制力。与意志力有关的两种保持对立的行为尚未完美融合，形成一种新人格。人处在心理萌芽阶段的时候，这两种因素依然是分离的。最关键的是，这样的"融合"与"适应"应该在潜意识中出现并且发挥支持的作用。所以，但凡有机会，就一定要努力练习，因为这样的发展很有必要。我们现在探讨的教学方法，其目标不是要把孩子培养成一个早早就懂得礼貌的小"绅士"，而是让他的意志力得到最大程度的锻炼，尽快在他的控制和冲动之间建立联系，所以我们需要做的是建立这种联系，而不是这种联系建立之后想要获得的结果。

其实，这只是实现目标的一种方式，这个目标就是：孩子们相处融洽，并且在日常的生活习惯中培养意志力。专注于某一项工作的孩子为了做好这项工作，就不会去做任何其他与这项工作不相干的事情。在自身所能达到的肌肉协调活动范围内，他会做出正确的选择，并且坚持下去，最后让这种协调的动作变成一种习惯。这与有些孩子总是容易冲动做出不理智的行为形成了截然相反的对比。当他已经学会尊重其他人的工作或是耐心等着拿到自己想要得到的东西，而非从别人手中把这些东西抢到自己手里的时候，当他四处走动却能控制自己不撞到别人、不踩到别人的脚、不把桌子撞翻的时候——都表明他正在培养自己的意志力，让冲动和控制处于一种平衡的状态。这是他在为自己融入社会生活所做的态度上的准备。倘若让孩子们肩并肩、一动也不动地在座位上坐着，是不可能实现这样的目标的，孩子与孩子之间的联系也无法建立起来，儿童的社交生活也无法开展。

正是因为存在这样特殊的交往，通过让孩子们被迫去互相适应，才有可能建立这种社交的"习惯"。只告诉他们应该怎样做——这样的说教绝对无法实现培养意志力的目标。要想让孩子举止优雅，只向他们灌输"权利与义务"和"要有礼貌"的观念是远远不够的。假如这样就可以的话，那么一位专心致志的学生要想弹奏贝多芬的奏鸣曲的话，只要告诉他弹钢琴必需的指法就足够了。上述这些因素中最重要的就是"构成"，而意志力则是经过训练才形成的。

以前，在针对儿童个性进行培养的教育中，非常有用的一点是将所有机制调动起来。就像运动一样，让孩子们练体操是必须要做的。众所周知，如果肌肉没有得到充分锻炼，就不可能完成需要肌肉系统去完成的所有运动，为了在心理上保持一贯的能动性，像这样的体操系统是非常必要的。

　　机体得不到锻炼就很容易在之后出现缺陷，一个人如果肌肉的力量不足而且还不愿意锻炼，那么当他必须马上采取某些措施来脱离危险的时候，他就只剩下死路一条了。所以，意志力薄弱、意志力低下甚至是丧失了意志力的孩子们，能够快速地适应一所强迫所有的孩子坐着不动并且装出一副听课状的学校。不过，在这些孩子中，大部分人的结果就是去医院里医治他们已经错乱的神经，学校通常会在给他们家长的通知单上写下这样的评语："学习进步，表现突出。"有些老师则会评价说："这些学生真的很乖。"这些孩子就这样在没有受到任何干扰的情况下，长期处在意志力薄弱的状态中，像陷入流沙一样被慢慢埋没。有些孩子天性好动，却被学校和老师视为麻烦的制造者——"捣蛋鬼"。如果我们深入研究一下他们调皮的原因，几乎可以得出一个统一的答案"他们总是无法安静下来"，接下来，他们的好动就被斥责为"冒犯同学"，而所谓的冒犯基本上都是属于这种类型。他们想方设法地想让其他同学从安静的状态下变得激动起来，与他们联合起来。还有些孩子是抑制力占据了主导地位，他们非常害羞，有时几乎连回答老师提问的勇气都没有，在受到了外部的刺激之后，尽管他们回答了问题，但是声音却非常小，有的甚至会哭起来。

　　以上三种情况需要通过给予孩子自由的活动来进行锻炼和改善。对意志力薄弱的孩子来说，其他孩子的活泼好动是一种最好的刺激，当孩子们不再受到学校和老师的监视，可以自由自在地根据自己的意愿开展活动，有序的训练能够让过于好动以及过于不好动的孩子培养意志力。换言之，当孩子们在训练意志力的外部诱因中获得解脱的时候，就能够在这两种正好相反的意志力之间达到平衡，这的确是让全人类获得拯救的方法——弱者可以得到力量，强者可以达到完美。

　　在冲动和控制之间，如果缺少了平衡，不光是病理学中一个令人感到熟悉而有意思的事实，也更多地出现在正常人身上，尽管程度并没有那么严重，但是它的常见性就像我们在社交领域中看到的教育所存在的各种不足与缺陷一样。

冲动会令罪犯做出对别人有危害的行为，但是又有几个正常人会因为自己轻率、冲动的行为会伤害别人而经常感到后悔呢？很多时候，容易冲动的正常人只会让自己受到伤害、让自己的事业遭受损失、让自己的才华无法施展。他会受到内心的谴责，就像受了什么原本能够避免的不幸一样。

从病理学上进行分析，一个受到意志力过度控制的人则更加不行，他会在很长一段时间内不活动、沉默不语，可是在他的内心，他其实是渴望活动的。本来有一千个理由能够让他在冲动之下去满足自己从事艺术和工作的渴望，可是他一个都无法找到。他可以凭借雄辩的口才去寻求心理医生的帮助，让自己从高尚的灵魂那里得到抚慰，可是他却三缄其口。他感受到的是一种如同活埋般的可怕的压抑。有多少正常的人都在遭受这样的痛苦啊！在他们一生中，本来有很多合适的机会让他们展现自己的价值，但他们却不能去展现。有多少次他们想要将自己真实的感受表现出来，去扭转艰难的形势，可是他们却关上了心门，闭上了嘴唇，保持着沉默。他们多么想向那些能够理解、启发并安慰自己的人去倾诉衷肠啊！可是，当他们面对那些高尚的人时，却连一句完整的话都无法说出来。那些高尚的人会鼓励他们、询问他们、启发他们将自己的感受表达出来，但他们却只能用内心的巨大痛苦来进行回应——说出来吧！说出来吧！他们的潜意识中产生了这种冲动，可是他们的意志力却像无法阻挡的自然力量一样冷酷无情。

倘若在意志力形成的阶段能够发现这种状况，那么这些问题就能通过自由的活动，在冲动和控制达到平衡的意志力教育培养中获得解决。

意志品质的坚定性和持久性

在潜意识里建立起来的一种平衡，能够让一个人在社会上的行为变得"正确"，可是这绝对不是我们所说的"有意志力的人"所需要的平衡。前面已经说过，意识是独立于其他自愿习得之外的。最富有修养、出身最为高贵的女士或许是个"缺乏意志力""缺少性格"的人，即使她已经得到了能够指导她处理外部事物最为灵活、最有创造力的能力。

每个人都有一种从一出生就存在的自发的基本品质，不光人与人之间的表面关系是建立在这个基础上的，就连高楼大厦也是建立在这种品质的基础上，这种品质也就是我们所说的"持续性"。社会结构是建立在人类能够连续工作，在一定范围内可以进行生产这一事实的基础上，民族经济的平衡也可以建立在这样的基础上。社会关系是人类繁衍的基础，这种关系也是以持续不断的婚姻关系的纽带为基础建立的。家庭与生产，是社会发展的两大支柱。它们的立足点也是最伟大的两种意志品质：坚定性与持久性。

这种品质能够使人类变成内在个性和谐的典范。如果缺少了它，生命就会变成一个个失去了连贯性和条理性的章节，变得混乱不堪。如同一个全身细胞分崩离析的身体，再也不能成为一个有机的、拥有不同功能的整体。这种最基本的品质，当我们说到这个人的情感和思想——也就是他所有的个性时，就变成了我们所说的性格。一个人如果有了性格，就能够变得坚定不移，就能够忠于自己的诺言、信念和情感。

这些持久性的不同表现的总和，创造出了显著的社会价值，也就是在工作中做到了坚持不懈。

堕落的人在产生犯罪的念头、背叛自己一贯坚持的感情、不再遵守自己的诺言、抛弃能够让他变成高尚之人的信仰以前，都会展现出一种堕落、迷失的特征，也就是懒惰、无法坚持长期工作。诚实的人、礼貌得体的人大脑开始变得不正常，在表现出暴力冲动、行为失常，或是进入昏迷以前，也会有兆头——无法再做其他任何工作。人们都觉得女孩勤劳就可以成为贤妻良母，一个好工人肯定老实忠厚，能让自己的妻子过上更好的生活。这样的"好"并不是一种特别的能力，而是不屈不挠、持之以恒。举例来说，一个蹩脚的艺术家倘若只是在制作小工艺品上拥有高超的技艺，但是却不具备坚持工作的意志，那人们也不会觉得他是一个多么了不起的人。大家都明白，他不但无法光大门楣，而且还可能会变成一个令人生疑的危险分子，他或许会变成一个不合格的丈夫、父亲，甚至变成危害社会的罪犯。反过来说，一个怀着谦卑、虔诚之心去工作的手工业者，却能够创造出宁静、幸福的生活。毋庸置疑，这便是罗马颂词中所说的"她关上门不出屋子纺羊毛"的真正含义。也可以这么说，她是一位个性很强的女子，是一位配得上世界的征服者的女子。

在开展第一次带有建设性的精神生活的练习时，儿童可以在自己的工作中展现出持久性，通过这样的练习，他能够建立起自身内部的一种秩序和平衡，让自己的个性获得成长，就像成年人一样，坚持不懈地认真工作，展现出了自己在社会上的价值。很显然，他正在让自己变成一个矢志不移的人，一个个性鲜明的人，一个具备人类全部优秀品行的人。他追求的是人类那种最独特、最基本的品质——持之以恒。只要他能够做到这一点，那么他无论做什么工作都是一样的。因为真正有价值的并非工作本身——工作只是一种手段，用来培养和丰富人的内心世界。

中断孩子正在进行的工作而让他去做事先已经决定的事情，觉得对孩子修养重要的科目是地理而非算术，然后让孩子学习地理而不让他学算术，这样的人弄混了自己的目的和手段，他们为了自己的虚荣而阻断了孩子的发展。所以说，一个人的文化是不需要引导的，这个人本身才是需要引导的。

通过让孩子自己做决定来培养他的意志力

如果持之以恒是培养意志力的真正基础，那么我们就应该明白，决定行动才是最重要的。要想完成一项有意识的行为活动，就一定要做出最终的决定。而最终的决定一直都是选择之后的结果。比如说，我们有很多顶帽子，在出门的时候就要决定戴哪一顶，不管是黑色还是灰色，这一点并不重要，重要的是我们一定得选出一顶。在进行选择的时候，我们就产生了动机，不管这种动机是喜欢黑色还是灰色，当某种动机最终占据上风的时候，我们便做出了选择。很明显，戴帽子、出门等都是需要我们做出选择的事情，我们几乎无法意识到哪一种动机会在我们的心里发挥作用，但是这样的问题并不值得伤脑筋，上午出门应该戴什么样的帽子、下午应该戴什么样的、去看戏应该戴什么样的、做运动的时候应该戴什么样的，我们拥有这方面的知识，所以也不会因此而大费周章。

不过，假如我们想花钱买礼物的话，那就是完全不一样的情况了。货架上的物品令人眼花缭乱，到底买哪一个才好呢？假如我们了解得不是很清楚，就会产生焦虑的感觉；如果我们想购买艺术品，可对艺术又不是特别了解，那么也会害怕受骗，或是会出洋相。我们不确定是选择一条丝巾合适，还是选择一个银质的碗更好，每当这个时候我们便会想要寻求别人的帮助，因此我们便去找别人帮忙。可是，我们不必非要采纳他人的建议。其实，建议的作用应该是让我们的思路变得更加清晰。我们需要让知识来帮助我们，而非让其他人帮助自己做出选择。每个人都有自己的意志，这与做出正确决定需要具备一定的知识并非同一回事。在听过他人的建议之后，我们所做的选择仍然带有自身的印记，因为这是我们自己所做的决定。

同样道理，一位家庭主妇在选择用什么样的晚餐来招待客人的时候，她的经验其实是最丰富的，她的品位也是最高的，所以她能够非常愉快地做出决定，而无须寻求另外的帮助。

不过，每个人都清楚，不管在什么样的情况下，做出什么样的决定，都属于脑力劳动，需要付出真正的思考。所以体质虚弱的人会尽量避免去做决定，对他们而言，这样的事情是十分讨厌的。假如可能的话，女主人会让厨师来做这样的决定。而对于一个服装师而言，在什么样的场合选择什么样的服装才是需要考虑的，所以服装师一定要三思而行。如果他对一位女士说："这件衣服对您来说比较合适。"而这位女士也点头表示同意，那么与其说是这件衣服让她感到满意，倒不如说是因为她无须做决定而感到满意。人的一生其实就是一个不断进行选择的过程。每次我们走出家门之后再锁好，只有清楚地记着将门锁好，并且确定万无一失之后，才会放心离开。

在类似的练习过程中，我们会变得越来越强壮，也越来越能够摆脱对别人的依赖。思维清晰、擅长做决定可以让我们感到自由。将我们当成奴隶一样锁起来的沉重铁链，其实就是没有自己做决定的能力，总是把希望寄托在别人身上。畏惧"犯错误"、畏惧在黑夜里摸索、畏惧造成或承担未知的错误和结果，所有这些畏惧都让我们如同一条拴了狗链的小狗，只能跟在别人的屁股后面，最终只能陷进依赖他人的泥潭之中。假如没有人帮我们拿主意的话，是不是连一封信都不会往外发、连一块手帕都买不到了呢？

倘若思想上的矛盾真的存在，却需要马上做出决定的时候，那么薄弱一些的意志必然会屈服于坚强一些的意志，懦弱的人会变得犹豫不决。我们会发现他在毫无察觉的情况下被噩梦般的屈服所纠缠，此时的他已然向可以为自己带来毁灭性灾难的深渊踏出了第一步。一个年轻人越是习惯于处在屈从地位，从来不开展任何与意志力培养有关的锻炼，就越是容易变成这个充满了危机的世界的牺牲品。

　　鼓起勇气进行抗争并非幻想，而是在锻炼自己的意志力，这样的锻炼在生活中比比皆是。一位整天被家务事缠身、不管什么事都习惯了自己拿主意的已婚已育的家庭妇女，就比那些还没有生孩子、整天闲着没事干、只是慵懒地打发时间、习惯了服从丈夫意志的女人更有主见，她们不会在做决定的时候犹豫不决。不过她们两个或许有着同样的梦想。举例来说，假如前者丈夫去世变成了寡妇，或许她就会让自己慢慢精通各项业务，以便继承丈夫留下的事业；可是如果后者的丈夫也去世了，成为寡妇的她或许就会寻求另外的保护，那样她或许会给自己招来灾难。为了确保自己能够获得精神上的安慰，最重要的一点就是要能够独立，不要依赖别人，因为在最紧要的关头，我们通常都是处在孤立无援的境地，而且也无法马上得到帮助。那些明白自己应该奋斗的人会依靠自身的力量和技巧来开展拳击与决斗的训练。他们绝对不会只是双手抱在胸前，一动不动地在那里坐着，因为他们明白如果那么做的话，自己就会被对手打倒，要么就站起来主动进行防卫。在一个人的一生中，如果像影子似的总是步步紧跟其他人，以便接受来自现实的保护，那根本就是不现实的。

　　但丁在《神曲·地狱篇》中借弗朗西斯卡之口说道："我们只需要一瞬间就能够被征服。"

　　假如目的并非为了征服，那么诱惑就必定不会像一枚炸弹一样投向另一枚即将导致心理崩溃的炸弹，而是会向那些固若金汤的城墙投去。持之以恒地工作、条理清晰的想法、有意识地主动对各种想法进行梳理的习惯，就连最细枝末节的日常生活行为——每一次对最不值一提的小事所做的决定、对某个人行为的慢慢控制、在循环往复的行为中慢慢增强自我控制的能力，以上这些，都可以作为构建自身个性所值得依赖的最为坚实的基础。这样的话，道德就会像一个常年居住在中世纪城堡里的公主一样，在这个城堡定居，这里有着极为森严的戒备，能够长期留住这位"女士"。倘若要"建造"一座供道德长期定居的"房子"，那就必须能够控制自己的身体，比如不酗酒，这是令人无缘无故遭受毒害、走向衰弱最主要的证明。再比如去户外活动，这样的活动可以帮助人们恢复体力，让人们从自制的使自己变得更加衰弱的毒害中获得解脱。在此我们能够发现，我们一定要时常锻炼和培养自己的意志力，并且通过一些灵活的手段来让我们的心理健康得到恢复，这才是最重要的。

如果孩子们经过对自身开展教育，先是在内心进行了一系列复杂的比较和判断，然后才付诸行动，并通过这样做获得了条理清晰的思维，这个过程其实就是一个培养意志力的过程。这是一种"知识"，能够让孩子们学会自己做主而不再依赖别人的意见才做出选择。从此之后，他们就能够在日常生活中做出各种各样的决定，他们可以决定自己到底拿还是不拿某样东西，也可以决定自己是否应该随着音乐的节奏翩翩起舞，当他们想要保持沉默的时候，可以控制住一切冲动而不去运动。这种持之以恒的构建他们自身个性的努力都是先做了决定然后才付诸行动的，这就代替了最初那种紊乱的状态——最初，一切行动的结果都是由于冲动造成的。这个时候，一个生命会很自然地诞生，并且慢慢发育长大，与此同时，疑虑、迷茫和畏惧也一起慢慢地失去了踪迹。

假如秩序性和条理性没能在孩子的内心得到成长，而是通过混乱的思维方式比如背诵课文来阻止他们的发展，不让孩子们学会如何自己做决定的话，那么根本就不可能培养和发展出这样的意志力。使用这种方式教育孩子的教师也许会为自己辩解："孩子们本来就不应该拥有属于自己的意志。"他们在教育孩子的时候从来就不会发生"我想要……"这样的事情。事实上，他们这样做就阻止了孩子发展自己的初期意志。在这样的情况下，孩子们察觉出有一种力量正在控制他们的行为，然后他们因此慢慢变得胆怯，如果没有人可以依赖，没有人帮助或是同意，他们就失去了担当任何责任的勇气。"你知道樱桃是什么颜色的吗？"有位女士曾经故意向一个原本就知道樱桃是什么颜色的孩子这样问道。但这个孩子因为胆小、紧张，犹豫着不知道该怎么回答，最后他只能嗫嚅道："我得去问问我的老师。"

　　为做出决定而准备的意志机能是一种重要机能，而且它本身便具有极高的价值，同时也需要被建立和不断增强。病理学向我们说明了它与意志的其他因素的区别，并将它视为支柱——用以支撑人格。人们所说的"怀疑癖"是心理病态继续恶化以后发展成的最为常见的一类疾病，这种疾病让患者无法自制地想要去做一些不符合道德的事情或是危害他人的行为。不过也许的确有这样一种怀疑癖，患上这种病以后就没有任何能力去做出决定，而且还会给自己带来一连串的痛苦，虽然它不会产生道德上的偏差，甚至可能就是由于良心难安才得病。在一座专治神经错乱疾病的医院，我曾经亲自接触过一个因为道德方面的问题而得病的典型病例。这个患者平时靠捡垃圾讨生活，他一直担心垃圾里面会掉出什么值钱的东西来，而他则会因为偷了这些东西而被抓起来。所以，这个可怜的人每次捡完垃圾以后，还要走到每层楼的住户门前挨家挨户询问他们是否在垃圾桶扔了什么值钱的东西，直到确定后再离开。但不久他会又一次回来，再次挨家挨户地敲门，询问一遍，就这样不断重复。当他感到绝望的时候，他开始向医生寻求帮助，咨询有没有什么方法能够坚定他的意志力。我们一遍又一遍地对他说，垃圾里的东西都不值钱，他大可以放心地去捡垃圾。听完之后，他的眼睛里闪烁着希望的光亮。"总算能够放心了！"他不断重复着这句话出去了，可是没过多久他又回来了。"我真的能够放心地去捡垃圾了吗？"我们又一次对他说："真的，你完全可以放心地去捡垃圾了。"然后他的妻子就带着他走了。但我们却发现他站在大街上，跟妻子不断拉扯着，随后再次焦虑不安地回到诊室门口，问道："真的吗？真的能放心了吗？"

正常人的头脑中不也经常隐藏着类似的怀疑癖吗？比如说，有个人要出门，他锁好门，然后又把锁摇了摇，但是他还没有走几步，就开始怀疑起来：门锁好了吗？他明明知道自己已经锁了门，还清楚地记得自己摇了摇锁头，但仍然有一种无法遏制的冲动强迫他回到门口去确认一下是否真的锁好门了。还有些孩子在上床睡觉前，非要去看看床底下有没有猫一类的动物。他们没有看到任何东西，心里也知道床下不会有任何东西。但是过了一会儿以后，他们还是会再一次爬起来向床下张望。这样的癖就如同淋巴腺里的结核杆菌一样在身体各处蔓延，让整个身体都变得十分虚弱，但这样的危害却可以掩饰，就如同苍白的脸色能够用胭脂暂时掩饰一样，不被别人发现，也不会引起任何的忧虑和不安。

假如我们觉得一个人的意志必然能够通过身体各方面的动作表现出来，那我们就要明白一点：为了锻炼自己的意志力，通过身体各部分的机能进行意志力方面的练习是很有必要的。

意志力的形成、人体的生理结构、块状肌肉的协调运动，在这三者之间存在着令人吃惊的相似的地方。为了培养行为的准确性，练习是很有必要的。我们都明白，假如没有练习基本功，我们就跳不了舞，如果没有手指的练习，我们就弹不了钢琴。但是在开展这些练习以前，处于婴儿阶段的时候，便应该做一些最基本的练习，以便让自己动作协调，例如走路和理解能力。可是，我们并未完全弄清类似的有步骤的准备性练习是否有利于意志的培养。

尽管肌肉的生理功能比较单纯，但并不是所有肌肉群都会通过相同的方式进行运动，其实会采用两种完全不同的方式。比如说，有的肌肉是专门用于伸胳膊的，有的则用于把胳膊收回来；有的用于身体下蹲，有的则用于让身体站起来。换言之，这些动作基本都是互相对应的。我们身体所做出的每一个动作，都是肌肉对抗、合作产生的结果。人体在运动的时候，一会儿是这组肌肉，一会儿是另外一组肌肉在进行合作并发挥作用。通过这样的合作，人体能够完成形形色色令人惊叹的动作，孔武有力、优雅大方、柔韧舒展。正是由于这些原因，才能让身体不仅保持着高雅的姿态，而且还可以做出与音乐、旋律相配合的各种动作。

为了让这种因肌肉对抗形成的动作变得更加熟练，就一定要多进行这方面的练习。诚然，我们可以练习这些动作，但是只有在动作变得自然、协调之后才能开始进行训练。之后，我们就能针对体育、舞蹈等进行特殊动作的训练，假如练习者想让自己的动作变得更加协调，那么不管这个动作是充满力量，还是优雅大方，又或者是敏捷灵活，他都一定要不间断地重复进行这些动作的练习。这时，意志自然会发挥作用，执行这项意志的人希望自己可以从事舞蹈、运动、武术甚至是参加比赛等等。可是，为了能够实现这个愿望，他需要进行不间断的练习，只有这样，才能让他的意志所依赖的每一个器官做好相关准备，这些器官也才能执行意志发出的每一项指令。运动，不管是在肌肉协调以后做出的第一个动作，还是经过设计要做出新的动作技巧，都会受到意志的支配。简单来说，意志就像一位指挥员，正在以主动的姿态指挥着一支纪律严明、技术过硬、装备精良的部队。而随着身体肌肉进一步的完善，这种支持意志力量的条件也得到了进一步的增强。

为了让孩子具备一种自发的能动性，所有的人都不可能让孩子们保持完全的静止——用胶水把他们的四肢牢牢黏住，让肌肉逐渐萎缩，最终变成瘫痪。随后，再跟他们讲一些与杂技演员、小丑、摔跤运动员、拳击冠军的故事，以此来激起他们内心强烈的模仿愿望。不过很明显，这是一种荒唐的、令人感到难以置信的行为。

可是，在培养孩子意志力的时候，我们的确是在做着类似的事情。我们总是想要消灭它，也可以说是"扼杀"，目的是阻止与意志有关的各种因素的全面发展。我们一直都在通过自己的意志让孩子们不要去做任何事情，或是让他们按照我们的想法来行动，我们代替他们做出了抉择和决定。之后，我们还会用下面这种话语重心长地教导他们："意志即行动。"我们又给这种脱离现实的幻想披上了英雄人物与意志强大的巨人等寓言故事的外衣，自以为孩子们只要能够牢牢记住这些寓言故事，自然就能够产生激烈的竞争意识，就能够创造出奇迹。

在我上小学一年级的时候，有一位老师十分喜欢我们这些学生，当然，她让我们全都纹丝不动地在座位上坐着，尽管当时她的脸色苍白，看上去很是疲惫，但她仍然口若悬河地为我们讲着课。她有一个非常顽固的想法——为了激起我们的模仿欲望，她让我们将所有的名人事迹全都牢牢地记在了心里，特别是一些"女英雄"。她让我们阅读了大量的人物传记，目的是让学生们明白怎样才能出人头地，让学生们相信成为女英雄并不是一件难事，因为世界上有很多的女英雄。但事实上所有这些传记都在讲一个相同的观点："你也要努力地去出人头地，莫非你不愿意出名？""啊，不！"直到有一天，我直接回答道："我不再想着出名了。我更加关注孩子的未来，这种关注超过了一切，我再也不会看这些传记了！"

不要让孩子的意志受到削弱

在上一届教育心理国际会议上，来自全世界各个国家和地区的教育家们全都悲叹不已，他们认为如今的年轻人缺少个性，甚至极大地威胁到了人类这个种族。可事实上，并不是人类没有个性，而是学习让他们的身体受到了摧残，让他们的意志受到了削弱。所以，我们此刻需要去做的，就是让他们自由地行动，只有这样，人类的潜力才能获得真正的发展。

还有一个更高层次的问题——怎样利用我们那已经培养出来的坚强的意志，这个问题建立在一个基础上，就是意志已经在人们的内心扎根，并且可以茁壮地成长。我们时常会用这样一个例子来教育自己的孩子，使他们崇拜拥有坚强意志的人，那就是维托里奥·阿尔菲耶里。他直到晚年的时候才开始自学，并且靠着极为坚强的毅力克服了基础学习阶段的单调和乏味。最终他成为那个年代的一位非常有名的人，后来他又开始了拉丁语的学习，并且变成了一位文学家，他靠着自己的执着和热情，成了一位伟大的诗人。他说过这样一句话，让我们明白他是怎样通向成功的，这句话也成了意大利教师们不时引用的一句很有名的话："我坚持，连续地坚持，尽所有的力量去坚持！"

在下定最后的决心之前，维托里奥·阿尔菲耶里还只是别人的一个玩物——他爱上了社交圈子里一位任性的贵妇。后来，他觉得，假如自己继续做爱情的俘虏，一定会让自己毁掉。于是他的内心产生了一种冲动，激励他去提升自己，他觉得自己能够成为一位伟大的人物，全身都充满了使不完的力量，只是这些力量尚未被激发出来。他非常想将这些力量激发出来并充分地利用它们，并将自己的余生全都交给它们。可是，那位贵妇一封飘散着香气的情书又吸引他回到了戏院的包厢，两个人厮混在一起。这位贵妇人的魅力战胜了他原本应该坚定无比地抵御这种诱惑的意志力。等到在戏院包厢看那些无聊至极的歌剧时，他又开始感到异常的愤怒和痛苦，这甚至让他憎恨起身边那位迷人的贵妇来。

他决意马上行动起来——先是在自己和她之间树立一道无法逾越的障碍——剪断了代表自己贵族出身的粗发辫，这样他就没脸出去见人。随后，他又用绳子将自己绑在椅子上，想要专心看书，就这样过了好几天，他却一个字都没有看进去。尽管他十分想去找那位心上人，可是由于无法移动，而且也不能以当时的形象出门，他只好继续在家里待着。

就是靠着这样的方法，他才"坚持，连续地坚持，尽所有的力量去坚持"，最终让自己的内心获得了自由发展。就是靠着这样的方法，他才把自己从一事无成和沉沦毁灭的深渊中解救出来，成为一位流芳后世的伟大人物。

通过培养孩子们的意志力，我们想要给孩子们带去一些相同的东西。希望孩子们学会如何从虚荣心里面来让自己获得救赎，希望孩子们能够专注于工作，让自己的内心变得充实，同时引导自己勇敢地承担一切，希望他们能够为了自己的永恒而奋斗。

因为对孩子充满了爱的希望，所以我们会尽最大的努力去保护他们，可是孩子们难道不具备自我拯救的能力吗？他们将自己的全身心都投入到对我们的爱之中，紧紧追随我们，其实他们身上已经具有了一种可以控制内心生活的力量——自我发展。正是这种力量引导着孩子们为了了解所有的事物而用手去触摸它们，但我们却对他们说："不要碰那些东西。"他们四处活动是为了锻炼自己的平衡能力，但我们却对他们说："站着别动。"他们总是通过向我们提问题来获得更多知识，但我们却对他们回答道："别这么烦人。"我们将他们放到自己身边，约束他们，让他们服从命令，给他们提供一些毫无趣味的玩具，就如同阿尔费里置身于戏院包厢时那样。他或许会这样想："我如此爱她，但为什么她要毁了我？我为什么要因为她的任性而痛苦？这种任性已经阻碍了我的心智发展，让我做了很多没有意义的事情，难道仅仅由于我对她的爱？"

所以，为了让自己获得拯救，孩子们一定要像维托里奥·阿尔菲耶里那样拥有强大的内心，但是很多情况下他们却并不具备这一点。

我们尚未察觉孩子已经变成了牺牲品，尚未察觉毁掉孩子们的人正是我们自己。我们用玩具汽车来引诱他们、用强硬的力量去命令他们，让他们做自己不想做的事情。我们盼望着他们长大，却又不让他们长大。

或许很多人在读过维托里奥·阿尔菲耶里的事迹之后会这样想——可以把更多的希望寄托在孩子身上。这些人会希望自己的孩子在无须设置外部障碍的情况下，比如剪断发辫、将自己绑在椅子上等，就可以抵制各种诱惑。他们希望自己的孩子只通过精神上的力量便可抵制各种诱惑。就如同某位伟大的诗人，他一边赞颂罗马时代卢克丽霞①，一边指责她的自杀行为。假如她具有更多的优秀品质的话，她便会因为对自己犯下了如此暴行痛苦而死。

一位内心怀着美好期盼的父亲，绝对不会为了让自己的孩子心智更加健全和不断提高，而思考自己曾经做过什么。他很有可能是那一类毁灭孩子的意志、让孩子完全服从自己意志的人。世界上不会有哪位父亲能够想到这样的高度，这样的想法只能深深潜藏于他的内心，从沉默中发出呐喊的声音，这个声音十分刺耳，因为它打破了自然的法则，破坏了平静和自由，假如这个声音不存在，那么一切都是徒劳。

据说，有一位牧师曾经向特蕾莎修女②推荐了一位年轻的女孩，她非常愿意加入加尔默罗会成为白衣修女。这位牧师认为那个女孩的品质

---

① 卢克丽霞（Lucretia，约510 BC去世），古罗马贵妇，她被伊特鲁里亚国王的儿子塞斯图斯·塔奎尼乌斯（塔克文）强奸，引发了推翻罗马君主制的叛乱，并导致罗马政府从一个王国过渡到一个共和国。当代没有记载她的信息的资料。关于卢克丽霞的强奸和自杀以及罗马共和国的开始，均来自后来罗马历史学家蒂托·李维和希腊罗马历史学家哈利卡纳苏斯的狄奥尼修斯的记述。这件事激起了人们对罗马末代国王卢基乌斯·塔奎尼乌斯·苏培布斯暴虐行径的不满。结果，显赫的家族建立了共和国，将塔克文的庞大皇室赶出罗马，并成功地捍卫了共和国，抵御伊特鲁里亚和拉丁的干涉。由于其纯粹的影响，强奸本身成为欧洲艺术和文学的一个主要主题。卢克丽霞成为女子贞洁的榜样，一位宁死也不愿遭受屈辱的女人。

② 特蕾莎修女（Mater Teresia，1910—1997），阿尔巴尼亚裔印度籍罗马天主教修女及传教士，生于时属奥斯曼帝国科索沃州的斯科普里（今马其顿共和国首都）。在马其顿生活近18年后，特蕾莎迁往爱尔兰，后迁往印度，并于印度度过其后半生。1950年特蕾莎创立罗马天主教仁爱传教会，为患艾滋病、麻风和结核者提供居所，运营粥厂、药房、诊所、儿童及家庭咨询机构、孤儿院及学校。传教会成员必须贞洁、贫穷及服从三誓愿，以及第四个誓愿"全心全意为最贫苦的人服务"。2012年这一机构在全球133个国家活动，修女数目超过4500人。1979年特蕾莎获诺贝尔和平奖。

就像天使一样纯洁美好。特蕾莎修女让这个女孩留了下来，并且说道："主啊，上帝赐予了她虔诚的心，却没有让她拥有判断的能力，可是她已经再也不能拥有了，她永远都会成为我们的负担。"

当代一位最受人尊敬的神学家在深入分析了圣女贞德的性格之后，针对她是"上帝意志的工具"这一说法，说道："别再欺骗自己，也别再欺骗别人了。圣女贞德并非盲目、被动地接受某种神秘力量支配的工具，作为法兰西解放运动的领导者，她完全可以控制自己的人格，这一点从她独自做出正确的决定并将其付诸行动就可以得到证明。"

我坚持认为，身为教育工作者，最主要的任务就是对儿童的能力进行保护和指导，还要在不阻碍他们发展的前提下进行。与他们的内心世界进行接触，对他们的一生来说，具有非常重要的意义，因为只有这样，他们才能健康、茁壮地成长。

第七篇
爱的智慧

　　孩子的爱，其实是非常简单的。他之所以会爱，或许是由于他想获得身体感官上的印象，并且想要让这些感官印象不停地加深。这种爱其实并不是一种原因，而是一种结果。它犹如太阳系中的一颗行星，获取了太阳发出的光芒。每当人们根据自然规律去做某一项工作，并且在生活里营造融洽的氛围时，就会有一种被爱的感受。或许我们应该说，这就是一个人身心保持健康的一种象征。这种爱能够成为一种动力、一种本能，就像人类生命中的创造力一样，能够在创造的过程中形成爱。孩子心里是充满爱的，而且他也会受到这种爱的感染。

　　处在童年敏感期的孩子，会对周遭的物体有一种不可抑制的冲动。事实上，这种冲动是源于他对所在环境的一种爱。这种爱其实不只是情感上的反馈，也是智力发展的需要，它可以促进孩子更多地去看、去听，从而不停地成长。孩子们一定要遵从这种自然的需要，但丁把这种需要称为"爱的智慧"。

　　恰恰是爱让孩子们能够用一种灵敏和热忱去观察周围环境的特性。这对成年人来讲也是非常重要的，况且他们还缺少童年的活力。难道爱不能让我们对他人尚未发现的事物有一种敏感性吗？难道爱不能提醒我们他人尚不了解的细节和特征吗？正是由于孩子热爱他们所处的环境，没有对它视而不见，所以他们才可以注意到一些成年人已经熟视无睹的事情。

孩子热爱自己所处的环境，这在成年人眼中只不过是孩子与生俱来的乐趣和生机，然而成年人并没有意识到，这种热爱其实是一种精神层面上的能力，它可以创造美好的心灵。

孩子们热爱的一个特殊的对象就是成年人。他们会从成年人那里获得他想要的需求与支持，并且迫切地探寻自身发展所需求的事物。对孩子来讲，成年人是值得尊重的。在孩子们看来，成年人的嘴巴好像是个喷泉，自己可以从中不停地学习、掌握语言和词汇。

成年人通过自己的举动向孩子展现了人类的行为举止，而孩子们也恰恰是效仿他所接触到的成年人，然后才学会应该怎样生活。成年人的一举一动都在吸引着孩子的目光，并让他们为此而着迷。儿童对于成年人是相当敏感的，甚至可以说成年人在某种意义上是可以支配儿童的生活的。让我们来回想一下孩子将鞋子放置在床单上的经过，他的行为不仅表现了单纯的服从性，同时也体现了暗示对于他的影响。一个成年人对孩子所说的话，就好比是刻刀镌刻在大理石上面的字，它会深深地印在儿童的脑海里。直到现在我们仍然能够想起，当那位母亲拿到装着手帕与喇叭的包裹时，她的小女儿表现出来的样子。既然儿童如此渴望学习，而且还如此热爱周遭的事物，成年人理应认真思考自己在孩子面前说的任何话语。儿童愿意服从成年人的话，可是如果成年人让孩子放弃有利于他成长的本能时，他依旧会反抗。假如成年人为了自身利益而迫使儿童做出舍弃，那么这就好比在孩子乳牙生长的阶段，想要阻止乳牙正常生长一样。如果孩子发脾气或者反抗，这仅仅是因为他们想要表现出自己对于创作的渴望，然而他所尊敬的师长却对此置之不理，因此儿童与成年人之间出现了严重的冲突。假如孩子不听话或者发脾气，成年人应当预先想到这样的冲突，并且要将其当作孩子成长过程中必然会发生的事件，因为它是儿童在无意识的情况下实施自我保护的一种行为。

我们应当谨记，孩子爱我们并且愿意服从我们，孩子对我们的爱超过了所有的一切。可是反过来，我们也时常听到这样的话："这些家长到底有多么爱自己的孩子？"又或者是"这些老师到底有多么爱自己的学生？"

当然，我们也会教育孩子去爱自己的爸爸妈妈、去爱自己的老师以及更多有所作为的人，甚至是爱植物、动物和整个大自然。然而，到底是谁在教孩子爱所有的一切呢？到底是谁在教他们如何去爱呢？莫非是那些将自己儿女所有的表现都视为发脾气，而且只会考虑自身利益的成年人吗？这种人根本没有办法去教一个人怎样去爱，这是由于这样的人并不具备"爱的智慧"的敏锐性。

事实上，孩子一直都爱着成年人。他们需要成年人守在自己身旁，并且会很兴奋地去吸引成年人对他的注视，似乎在说："看着我！跟我待在一起！"

夜里，每当成年人想要睡觉的时候，孩子总是会呼唤他们，这是由于孩子们爱自己的父母，不想和他们分开。还有每当我们准备去吃饭的时候，正在被母亲喂奶的婴儿也会跟着一起去，他并非是想去吃饭，仅仅是由于他想待在母亲身边。父母往往没有意识到孩子对他们这般深沉的爱。然而成年人应当记住，孩子在幼年期间会对我们产生这样深沉的爱，但是这种爱会随着他长大而消失。等到那时，又有谁会像这个时候的这个孩子一样这么爱我们呢？又有谁会在晚上睡觉之前呼唤我们，并且深情满满地对我们说："请不要离开，陪着我好吗？"相反，长大后，他仅仅会对我们轻描淡写地说一句"晚安"。

每当我们去吃饭的时候，还有谁能够只是因为想要看着我们，就急切无比地渴望与我们待在一起呢？可是我们却由于不愿意承受这样的爱而处处设防，我们应当认识到一件事——自己以后再也无法找到另外一种相同的爱了。我们有时甚至会滔滔不绝地说："我没有时间！我不可以！我非常忙！"但是在我们内心深处却是这样认为的："我一定要改变他们，否则的话，我终究会变成孩子的奴隶。"我们想要挣脱孩子们的纠缠，觉得这样就能去做自己喜欢的事，假如能够将他们摆脱掉，我们就不会再有任何的障碍了。

清早，孩子会去叫醒他们的父母，这种行为对于大人来说是非常令他们讨厌的。但假如没有这样的爱，那么还有什么其他的原因能够让一个刚刚醒来的孩子立刻动身去寻找自己的父母呢？清晨的时候，儿童从自己的床上爬起来以后，会在第一时间来到仍在睡觉的父母跟前，似乎想说："勤劳一点吧，外面天都已经亮了，都清晨了！"不过，孩子来到他父母面前，并不是想跟父母说这些话，也不是想来教育他们，他们只是想看一眼自己所爱的人。

或许这时父母的卧室依旧是暗的，门也是紧闭的，因为这样便不会被黎明的光线影响睡眠。儿童走到床边并且会触碰他的父母，父母却会埋怨说："我们都已经跟你说过很多次了，不要一大早上就把我们叫醒！"儿童却是如此回答的："我不是想叫醒你们，我仅仅是想亲吻你们一下。"事实上他心里想说："我并非是想要从睡梦中把你们叫醒，我仅仅是想过来看看你们而已。"

是的，儿童的爱是极其重要的。因为父母已经对所有事物都变得很冷漠，所以这时需要出现一个新人去叫醒他们，用他们早已丧失的朝气和生气来再一次激发他们。父母同样需要一个在行动上与他们不相同的人，每天清早，这个人要对他们讲："新的生活开始了！学会更好地生活！"

是的，学会更好地生活！学会感觉爱的气息！

如果没有孩子来帮助成年人的话，他们就会变得颓废。假如成年人不去努力超越自我的话，他的思想便会慢慢长出硬茧，直至变得不近人情。

第八篇
儿童的心理和身体健康

心理偏离正轨将会引发各种各样的情况，它会妨碍身体机能的正常运行，然而其中有一些机能看上去似乎与它并不相关。现代医学研究证明，心理失衡是可以引发身体某些疾病的，以至于某些本应该仅与身体状态紧密相连的缺陷，最后也证实是由于心理问题引发的。比如消化不良，这种病在孩子们身上非常普遍。健康的孩子无法控制自身的食欲，因为他们早已吃了过量的食物。纵然他们会为此生病并且还会到医院诊治，但是他们无法满足的食欲仍旧会被看成是"良好的食欲"。

从古老的时候开始，贪吃就已经是一种陋习，它带来的弊端已经远超它带来的优点。贪吃造成了人们正常敏锐性的退化，这种敏锐性能够增进人的食欲，同时也能够约束人的食欲。任何动物都拥有这种敏锐性，这种自我保护的本能决定着它们的健康。实际上，这种本能包含两个方面。一方面和动物生存的环境有关系，它能够指引动物躲避环境中的危险。另一方面和动物自身有关，这就关系到动物自身的进食。动物的本能可以督促它们去吃应该吃的食物以及对它们有益的食物。这是任何动物都具有的最明显的特征。无论动物的食量是大还是小，动物的本能一定会控制它们摄入食物的量。

唯有人会有贪吃的陋习，贪吃会让人们变得冲动，甚至吃下大量有害的食物。所以我们说，只要发生了心理偏离这种状况，人们就会丧失在健康情况下保护自身的敏锐性。我们能够在心理偏离正轨的孩子身上找到充足的证据，以证明他们的饮食习惯会因此而很快出现失衡。这些孩子只要看到食物就会立刻被吸引住，而后只凭味觉来挑选食物。这种自身保护的能力，会逐渐减弱直至消逝。我们在学校会引导孩子不让他的心理偏离正轨，这也是让孩子恢复正常的方法之一，让他们一直处在正常的状况中，这样就不会贪吃。他们将开始研究怎样用正确的姿势吃饭。每当吃饭的时候，年龄较小的儿童会把时间全部花在铺餐巾，如何使用刀、叉、匙上面，并认真研究正确的使用方法，抑或是帮助年龄更小的儿童。有时，他们对这种事情十分细心，甚至面前的食物变凉了他们都未曾发觉。那些未被选中帮忙的儿童会略显不开心，因为他们也很想去帮忙，却发现自己被布置了一项最容易的任务——吃饭。

儿童谦虚的态度，也能表明饮食和心理状态间的联系。儿童对食物经常表现出显著的无法控制的厌恶感。很多儿童拒绝吃一切食物，他们拒绝得是如此坚定，这给家长和老师带来了巨大的难题。这种状况在贫困、弱势儿童的教育机构中，表现得尤其明显。人们期望他们在吃饭的同时也可以吃饱。如果儿童对食物没有兴趣，那么就会一直处在抵抗治疗的状态。不过，对进食的这种反感也不能跟因为没有食欲而导致身体失调的情况相混淆。儿童拒绝进食源于他们的心理状态，在一些情况下，这可能是儿童自我保护机制造成的。比如，一个成年人企图让孩子吃得快点，但孩子有自己的进食节奏，所以他拒绝接受成年人的节奏。儿科医生现在已经确认了这个事实。医生发现，儿童并不是想立即吃完自己想吃的食物，而是长时间不想吃食物。

婴儿在断奶前也会出现相同的状况。他们在吃饱前会停止吮吸奶嘴，只是想休息一下，而后再缓慢、间歇地吮吸奶嘴。所以，儿童拒绝进食，或许是他自我保护的一种方法，也是对强迫他按成年人节奏进食的反对。可还有些情况与上述情况完全不同，我们一定要把它们区分开来，并且要单独去找寻造成这些状况的原因。这类儿童长时间缺少食欲，并且他们脸色苍白，好像缺少呼吸新鲜空气一样，或许在阳光和海边这样的环境中可以治疗他们对食物的习惯性抵抗。可根据进一步的调查，我们发现，在此类儿童身边，都会存在一个他极其依赖的成年人，并且这个成年人可以全面支配这个儿童的行动。那么只有一种方法能够治疗这类儿童，就是让这个可支配他的成年人离开，同时给他提供一个可以自由发挥主动性的环境。

所有人心理和身体之间的关联都是可以被发现的，比如进食，虽然看上去好像跟它无关。在《旧约全书》中，我们能够看到，以扫只是因为贪吃就将自己的出生权交给他的兄弟，并无知地把自己最大的利益放弃了，确实应该把贪吃列为"扰乱心智"的罪行之中。托马斯·阿奎那①指出了贪吃和智力发展间的联系。他始终觉得，贪吃会削弱人的判断力，并让人们无法正确认清现实。然而心理与判断力的因果关系刚好与之相反，是因为心理紊乱引发了贪吃行为。

基督教将陋习和精神失调联系在了一起，并将它列入基本罪行之中，这是由于它不仅引发了心灵缺陷，还使心灵背离了人类的神秘法则。这个理论已经被心理学家间接证明了，即贪吃是自身保护能力衰减的表现之一。而现代科学用另一种方法也对它进行了解读，并把这种方法命名为"死亡的本能"。由于人都有一种自然倾向，它可以帮助和促使死亡的自然来临，以至于加速它就可以引起自杀行为。有很多人在绝望的时候可能会依赖酒精、鸦片和海洛因这类有害物品。他们并不想挽留或者挽救生命，而是向往死亡、期望死亡。所有这一切都能够确切地表明，这种倾向可以保障人体的、紧要的内在敏锐性的消逝。假如这

---

① 托马斯·阿奎那（St. Thomas Aquinas，约 1225—1274），欧洲中世纪经院派哲学家和神学家。他是自然神学最早的提倡者之一，也是托马斯主义的创立者，成为天主教长期以来研究哲学的重要根据。代表作有《神学大全》。

种倾向同无法避免的死亡有所关联，那么它一定会在动物的身上有所表现。可是我们没能在动物身上找到任何的表现，这也证明，任何心理上的偏离正轨都可以使人走向死亡，这是种恐怖的倾向，甚至早在童年阶段，它就以一种难以发觉的状态存在。

在疾病的背后人们总会找到一些致病的心理因素，这是由于人身体和精神二者之间的关系十分紧密。可是饮食的失调却会导致疾病的出现。有时，人也许只是装作生病的样子，事实上这只是他假想出来的病，仅仅是心理作用而已。心理学家为解读这种病做出了非常大的贡献，他们指出，人或许只是想在疾病中寻找一种保护，这可以说是一种逃避。当人体温度偏高或身体机能失调时，便会出现这种情况，并且有时候显得格外严重。可这并不是真的生病，而是一种潜意识的心理紊乱造成了这种症状，而且人的生理法则被成功地支配了。人可以凭借这类疾病去摆脱让自己不开心的处境或应尽的义务。这种疾病会抗拒一切治疗，唯有当他逃离不开心的处境时，疾病的症状才能消失。当孩子身处一个可以正常生活与自由活动的环境时，疾病和病态便像道德缺陷一样，会自动消失。现在，许多儿科专家将我们的学校当作"健康之家"。儿科专家会把患有功能性疾病以及抗拒治疗的孩子送来学校，并且取得了令人震惊的效果。

第九篇
成年人与儿童的冲突

　　成年人与孩子的冲突所导致的后果，在很多情况下会无限扩张，这种情况就好比在平静的湖泊里扔石子所激起的涟漪一样。就像通过观察涟漪进而发现引发水纹波动的原理一样，心理学家和医生也可以追踪造成身体和心理疾病的原因。当然在探究这种原因时，他们会经历一个漫长的过程。就像最早的尼罗河探险家，他们跋山涉水，才可以到达尼罗河的发源地——一个平静的湖泊。探寻人类心理缺陷和疾病的科学家，也会透过直接因素的背后，根据已知的情况，直达它的源头——儿童的身体和心理。假如我们对原始社会最早的人类历史有兴趣的话，那么我们也能够从那个平静的湖泊开始，遵从生命里带有戏剧性的进程去探寻。好比大河从发源地形成湍流，一路而下，从一个瀑布流到另一个瀑布，自由自在，直到尽头才会停止。

　　对于成年人在身体、心理以及神经上饱受煎熬的疾病，假如我们能够追寻到他的童年时期，那么就能在他的童年生活中找到这些疾病最初的症状。另外，我们还应该记得，任何一种严重和非常明显的疾病都会产生许多轻微的症状，但痊愈的人总比病死的人多。假如生病代表了一个人失去了抵抗能力，那么他能够预料到自己已经丧失了同一类疾病的抵抗能力。

　　有很多可以导致人身体与心理崩溃的事情。好比我们在检验水能否饮用的时候，只需要提取水样就可以了。假如检验出水样已被污染，那么就完全可以断定全部水域都已被污染。与此相似的是，当我们看见大多数人因为自身过错而备受煎熬的时候，也能够断定人类正在受着某种根源性错误的煎熬。

人类在很久之前就产生了这种认知。摩西时代，人类已经明白，第一个犯罪的人，他的罪行将会对所有人类造成破坏。因此对于不知道罪恶本质的人类，原罪好像是不公平、不合理的。但正是因为它的出现才让亚当的子孙后代都成了有罪的人。可是，我们却亲眼看着那些受处罚的无辜儿童，在他们成长的过程中，一直在承担着数个世纪以来不断沿袭下来的错误的严重后果。这些错误的根源，是可以在人类的基本冲突之中被发现的，尽管它尚未被充分发掘出来，但仍然是非常重要的。

第十篇
如何帮助孩子改正错误

　　在我的学校里，孩子们能够自由活动，但是这并不代表他们缺少组织性。事实上，组织性肯定是不可或缺的。假如我们希望让孩子更加自由地"工作"，那就一定要在组织性这方面让孩子们进行更多的思考。孩子们虽然会在我们营造的环境氛围里取得经验并完善自我，但是我们应该给予他们特别的关注，这一点也是必不可少的。一旦孩子可以将自己的精力集中起来，那么这种状态一定能够在许多方面展现出来。当孩子们自己越来越积极，老师们就一定会越来越消极。事实上，老师们也许只需要站在一旁，什么都不用管就够了。

　　如同我们前面所讲的一样，儿童在这样的条件下一定能够融入这个社会，他们将来所取得的成果也一定会非常优异，一部分人看到这样的现象之后也许会思考——假如这些孩子一直没有受到成年人的约束那该有多好。这些孩子们在一起是一种多么重要的现象啊，它们犹如胚胎一样，是一种极为微妙的存在。我们实在不应该打搅儿童的这种生活。在我们开始为儿童准备必需的物品时，在为儿童营造发展的环境氛围时，我们就已经在为这种现象打下坚实的基础了。

　　当代社会应当重新把老师和儿童间的关系进行准确定位。关于老师的工作，我们将会在其他章节进行更为深入的探讨，但是有一件事情是老师万万不该去做的，那就是通过奖励、责罚或者是纠正儿童过错的方式对儿童进行过多干预。这看上去似乎会有些令人难以想象，也很难获得人们的理解。也许有人会发问："假如你不去帮助儿童纠正过错，那你该怎么样才能够让儿童走上正途，不让他走上歧途呢？"

很多老师同样也会觉得自己最主要的工作就是对儿童进行奖励、批评和指责。无论是在儿童学习的问题上或者是在触及道德的问题上，老师都会选择这样的方法进行处理。老师们通常会觉得，对儿童进行培养和教育的方法主要就是依靠两个方面：奖励或责罚。

假如我们一定要对儿童进行奖励或责罚的话，也要在他们失去了自我管束的能力之后，而约束方法只能由老师这边来提供。但是假如儿童此时正在认真地工作或学习，我们连续不断地对儿童进行奖励或责罚，那么这样做势必会严重影响到儿童精神上的自由。一直以来，我们的学校都在推崇儿童的自然和自由发展，学校绝对不会采用奖励或责罚这一类的方法。因为在很多情况下，儿童是在自由自在、无拘无束地工作和学习的，因此他们也觉得这种奖励或责罚的做法是根本没有必要存在的。

如果我们要求不对儿童进行奖励，那么也许不会遭受到多大的异议。因为这毕竟不需要我们付出多大的代价，此事也一定不会对儿童造成多大的影响，毕竟平时我们顶多是给儿童一些屈指可数的奖励。但是责罚就很不一样了，我们几乎每天都会对儿童进行责罚。例如，对儿童练习本上面的错误问题进行改正。改正错误的问题之后，儿童的分数能够从 0 分升到 10 分。但是得了 10 分就真的可以改正儿童本身的缺陷吗？此时，老师也许会说："你总是在犯同样的错误，你从来就不听老师讲的话，如果你再这样的话，就永远不可能在考试中取得好成绩。"

老师写在儿童作业本上的所有鼓励和批判的话都是在打击儿童的热情和积极性。假如你对一个孩子说他有多么淘气、多么愚蠢，这样做只会深深地伤害到他，而不会让他在任何一个方面有所提高。因为假如要是不让一个孩子犯错误的话，他一定要变得更加的成熟才行，但是假如他已然是考试不及格了，却还没有任何人给他鼓励，这样他又怎么能够有所提升呢？以前的老师们总是习惯揪住一些不聪明的同学的耳朵，或者是打一些写字难看的同学的手心。但即使是老师们将孩子的耳朵揪得通红，手心打肿了又能怎么样呢？孩子的能力依旧不会有任何提高。只有不断练习并从中获得经验才能提升孩子的能力。获取各种不同的能力是需要进行长久练习的。而且不听话的孩子也是靠与其他听话的孩子在一起工作、学习才逐渐变成听话的孩子的，如果我们只是一味地告诉不听话的孩子"你很淘气"——这样的话是绝对不会让他们听了之后就变得听话的。假如你去告诉一个学生说他没有能力去做某些事情，他也许会这样回答："你凭什么这么说，我知道我自己能不能做！"

这并不是在纠正错误，这只是一种对事实的叙述。因为发展和改正只能够依靠孩子自己主动地、长时间地练习才能获取。

当然，有时候孩子确实不知道自己犯了错误，但是老师时常也会在不经意间犯下错误。可是老师们总是对自己说永远也不要犯任何的错误，他们害怕在孩子们面前树立一个不好的典型。所以，老师一旦犯了错误之后，也绝对不会向学生们承认自己的错误。对他们而言，永远不犯错误似乎代表着他们的尊严永远不会受到侵犯一样。他们觉得，老师理所应当永远都保持正确。自然，这并不都是老师的责任，实际上，整个教育系统都应该对这种观念负上一定的责任，因为这种观念本身就建立在了一个错误的基础上。

假如我们在犯错这个问题上进行深入研究就会明白，其实我们每个人都会犯错误，这已经是一个无可争辩的事实了，如果我们敢于承认这一点，实际上就已经向正确的方向前进了一大步。假如我们坚持完全尊重事实的原则，那么我们就更应该承认——不论是谁，都可能会犯下各种各样的错误，不然的话我们不就都变成完美的人了吗？所以，我们应该以正确的态度去面对犯错误的这种现象，我们应该将它视为生命中无法缺少的一部分，错误中其实也有对人有益的地方。

很多错误都能够在生命过程中得到纠正。例如蹒跚学步的孩子最终能够学会走路，也是通过自身的成长以及不断获取经验才取得这一成果的。假如我们觉得自己已经变得非常完美了，那一定是自欺欺人、掩耳盗铃。实际上，我们仍然在不断地犯错误，而且根本没有有意识地、主动地去纠正和改善。我们依旧不能认识到自己所犯的错误，我们将会永远生活在脱离实际的虚幻的世界里。一个总是自以为完美、却不能注意到自己犯了错误的老师，其实并不是一个合格的老师。

错误是无所不在的，假如我们想要追求完美，那就一定要注意发现并改正自身的错误，因为只有真正改正了自身的错误，才能够提升自己。所以我们一定要清晰地领悟这一点，要明白犯错误其实是一个很难避免的问题。甚至在以精准著称的科学之中，例如物理、数学、化学等学科中，错误都发挥了无可替代的作用，因为上述学科都会在一定程度上对错误进行考量和包容。无论从事哪一门学科都一定会对错误进行科学的探讨和研究。实际上科学和错误之所以被人们区分开，是由于科学能够对错误进行有效的平衡。

在这个平衡的过程中，其中两个问题是很重要的，一是取得一个精准的数值，我们所获取的数值其实是存在一个被允许的错误区间的。科学给出的结论也并不全是绝对正确的结论，它在一定程度上允许存在微小的误差。例如，我们知道注射抗生素的有效概率为95%，但是余下那5%的无效概率——也可以说是错误概率，同样也很重要。即便是一把十分精准的尺子，它也就只能精准到其固有的单位，它也不可能实现100%的完全精准。实际上绝对准确的数字和结论都是不可能的，因此给出一定的错误概率或误差才能让这个结论变得更具价值。或许错误的出现与数据的本身拥有同等重要的地位，假如我们不能够给有可能出现的错误以空间，那么最终得出的这个数值就是不严谨的。也就是说，错误在如此追求精准的科学中都是非常重要的存在，那么它对于我们日常的工作来讲也是极其重要的。错误对我们具有十分特别的重要性，只有我们真正了解并意识到了它的重要性，我们才能纠正它、改善它。

于是，我们归纳了一条非常科学的原则，并且指出了一条通向完美的康庄大道。我们将这种原则称为"控制错误"。在学校里，老师、学生和其他人所做的任何事情都存在着犯错误的可能，所以我们制定了这条原则：纠正错误其实并不是最关键的，能够在第一时间内意识到自己犯了错误才是最重要的。所有人都应该时时刻刻检讨自己所做的事情是否正确。我们应该意识到自己所做的事情到底是否正确，但所有这一切的前提都是不要太过看重自己所犯下的错误，而应该对自己所犯下的这些错误产生浓厚的兴趣。

在学校里，通常的情况是，孩子们在犯错误时，他们自己是浑然不知的。他们始终都是在自己完全不知情的情况下犯下错误的，因此对于自己所犯的错误，他们也抱着满不在乎的态度，因为他们觉得改正错误并不是自己要做的事情，而是老师应该做的事情。这就与我们之前所讲到的自由产生了较大的差距！假如我们自己无法纠正错误，那就势必要寻求别人的帮助，而旁人对于错误的认识也许并不如我们自己认识得那么深刻。假如我们能够准确地了解自己所犯的错误，而且能够及时、正确地纠正错误，那将是多么美好的事情啊！假如有什么事物能够对我们的性格起到决定性作用，那一定是自我纠错的能力。假如不具备这样的能力，那么我们必定就会变成一个非常自卑或者丧失自信的人。

我们之前所讲的"控制错误"已经向我们证明，在前进的方向上，究竟是准确无误呢，还是存在着错误呢？假如我现在想去一个陌生的城市，但是并不清楚路线，这样的情况在实际生活中发生的频率是非常高的。因此，为了保险起见，我一定会先去查找地图或者是寻找路标。假如此时看到路标上标注着"艾哈迈德巴德——2公里"，那么我们就会安心很多。但假如路标上写着"孟买——50公里",那么我们就会清楚地知道,我们肯定是走错了路。虽然地图和路标一定会给我们提供帮助,但是假如不存在地图和路标,我们就只能靠嘴来问路,那么我们得到的或许就是两个完全不一样的答案。正确方向的指引是我们完成目标不可或缺的条件。所以在科学与现实生活中,必须要做的事情一定要在教育的第一时间内表现出来,因为只有这样才能让我们了解自身的缺点。而且我们一定要像为学生们提供学习资料和指导的时候一样,在最短时间内为学生提供这样的帮助。另外,在一定程度上,发展的动力也是由自由程度和发展方向是否正确来决定的。所以,一定要通过某种方式准确地认识到自身是否已经偏离了方向。假如这一原则已经在学校里、生活中得到了广泛的运用,那此时老师和家长是否完美无缺也就不再显得那么重要了。成年人犯错误有时会引发孩子强烈的兴趣,孩子或许会对成年人产生某种同情,这是一种超脱的同情。对孩子来说,他们会认为犯错误其实是一种自然而然的事情。每个人都会犯错误,这一观念或许会对孩子产生较大的影响。另外,这种现象同时也会拉近家长和孩子的距离。因为犯错误不仅能够拉近彼此之间的距离,更会让彼此发展成为好朋友。犯错误有时比准确无误更加能够促进彼此之间形成良好的关系。我们不可能让一个"完美的人"再做出什么改变。就像两个同样"完美的人"在一起的时候,他们一定会争吵不休,这是因为他们彼此之间既不能互相谅解,也不能够互相忍耐。

我们都很清楚,孩子最开始玩的游戏项目是摆放圆柱体。而且,所有圆柱体高度都是一样的,只是直径不一样,同时每个圆柱体都能够很好地装入与其相邻的那个圆柱体里面。孩子们在玩这个游戏的时候,第一步是了解每个圆柱体的大小,因为它们都是不一样的。然后,他们会知道,一定要用拇指与另外两根手指同时拿起圆柱体的顶端。再然后,他们会把圆柱体一个挨一个地向上摆。一直到最后,他们或许才会看到自己所犯的错误——因为最后剩下的那个圆柱体体积太大了，根本无法装入到第二个圆柱体的孔里面，而且当有的圆柱体装入到另外一个圆柱体的孔里时，空间就会十分宽绰。这时候，儿童会一次次地进行检查，然后认真研究，想办法去解决问题。而余下的圆柱体也表明了他所犯的错误。恰巧是这样的错误激发了儿童的学习兴趣。所以，他们会不断地重复去玩这个游戏。实际上，这个游戏项目本身对儿童是有两大好处的：一是能够在很大程度上提升儿童的理解能力，二是让他们能够有效地对犯错误进行控制。

我们学校给孩子设计的玩具一般都能直接表明孩子是否犯下了错误。正如2岁的孩子就能玩这一类的玩具，并且能够快速地拥有纠正自身错误的观念一样，这足以让他们走上不断自我完善的道路。但这并不能表示他们已经十分完美了，他们还要对自身的能力有所认知，只有这样才能激发他们努力工作的意愿。

孩子们或许会说："我不完美，也没有广大的神通，但是我了解自己可以做什么，不可以做什么。我也会犯很多错误，但是我可以自己纠正自己。"

这种谨慎、自信的性格如同我们所获得的经验一样，都会让我们毕生受用。这种骄傲的感觉并不是我们设想的那样能够非常简单地获得，并且引导儿童走向一条逐渐完善的道路。实际上，这是一件非常困难的事情。假如我们只告诉一个人他是灵敏还是懒怠、是聪明还是愚昧、是好还是坏，这些只能取得正好相反的效果。一定要让孩子明白自己适合去做什么样的事情。我们不只要对他们展开教育，也要为他们创造了解自己所犯错误的条件。

我们可以试想一下，长时间接受这种教育的孩子们会变成什么样。孩子们在计算数学题目并得出结果后，会对这个结果进行验算，这是他们已养成的习惯。对孩子们来说，验算结果比获得结果具有更强的吸引力。在我们学校里，还有一种练习，就是让孩子们将写有物品名字的小卡片放到相对应的物品下面，孩子们会使用各种各样的方法对结果进行反复验证，他们能够在发现错误的过程中获得非常大的乐趣。

在学校里，我们时常会故意留下一些很明显的破绽，这样就能够让儿童通过不断地发现错误来逐渐达到完美的地步。儿童在寻求完美的同时，会不断审视自身的行为习性，这对保证儿童的发展是十分重要的。儿童也拥有寻求精准、寻求完美的天性。例如，在学校里，有个小女孩在"按照命令做事"的游戏中看到了一句话："先到外面去，把门关上，然后再回来。"小女孩在认真研究了这句话之后，便按照这个命令展开了行动，在没有全部执行完一整套动作的情况下，她快速地跑到老师的面前说："假如我将门关上了，我该怎样回来呢？"

"你说得没错，"老师说，"是我犯了错误。"所以老师马上就把作为游戏"命令"的句子进行了修改。

"好的，老师。"小女孩说，"现在我就能够完成这个命令了。"

人们对于错误的认识往往会促进人和人之间的关系的发展。错误会把人们区分开来，但是改正错误又会将人们紧紧联系在一起。发现错误、纠正错误将变成人们兴趣的所在，因此，错误也成为一件非常有趣的事情。错误成为人和人之间进行联系的纽带，也使成年人与孩子之间的关系变得更加融洽。儿童不会因为发现了成年人所犯的错误就对他们变得不尊重，成年人也不会因为错误被孩子发现而丢掉自己的尊严。错误不仅仅是某一个人需要面对的问题，改正错误则更应该是每个人的责任和义务。

小事情恰恰就是因为这样的方式而变得伟大起来。

第十一篇
让孩子服从的三个阶段

对个性培育的探讨常常会触及意志和服从两个方面的问题。许多人觉得这是彼此对立的两个问题。这是由于他们觉得，教育本身就是在扭曲和控制孩子的意志，或是用教师的意志来代替孩子的意志，同时还要求孩子完全服从教师的命令。

下面，我们通过观测到的事实而不是主观判断来对这两个问题进行分析。首先必须声明的是，这一范畴的很多观点都极为杂乱，有些观点甚至认为人是被强大的、有目的的宇宙能量所影响和控制的。这种强大的力量并不是一种物理力量，它是生命自身在演化进程中诞生的一种力量。它能够推动各类生命形式不停地发展、演化，并且让生命充满运动的原动力。可是演化并不是自然出现的，也不是无意识出现的，而是在自然规律的影响下发生并进行的。假如人的生命就是这种力量的一种表现方式，那么人的行为必定会受到它的影响。

在儿童能够按照自身意志去实施有意识的行为时，这种力量就已经进入了他大脑的意识。儿童意志的产生和成长是以获取经验为目标的。所以，意志力并非天生就有，它是在成长过程中逐步产生的。这是由于它是自然的组成部分之一，因此它的成长必须符合自然的规律。

有人觉得，儿童的天性就是不服从管教，而且具有很强的暴力倾向。该观点的论据是，无论孩子做什么事，都经常会出现不服从命令的情况，这也是他们意志的一种体现。实际上远不止这样，这并不是儿童"有目的的行为"。成年人发怒不是一种自愿的行为，而是一种失去理智的行为。事实上，我们平常在说话时也带有一定的目的性，换言之，我们需要解决一些问题。反之，假如我们发现自身行为与主观意愿不相符，就会出现一种限制自身意志的有效意愿。所以成年人的意志强加在孩子的身上也就成了一件理所当然的事。

但事实是，我们无法确定主观意志是否会导致混乱与暴力现象的出现。混乱与暴力仅仅是情感上产生动摇和痛苦的一种体现，仅此而已。正常状况下，受到意志控制的行为对人们是有好处的。大自然赐予了孩子不断成长的天性，所以孩子的意志必定会推进他们的成长，让他们的种种潜能获得发展。

假如孩子的意志同他自己所做的事是相符合的，那么说明他的成长已经变成了有意识的行为。儿童会自然而然地选择自己想要做的事情，而且会不断地重复进行，这也证明了他们对于自身的行为已经有了一定程度的认知。开始时，这种行为只是冲动，而现在已变成一种有意识的行为。婴儿在最初进行活动的时候，是出于自己的本能。现在，他们可以有意识地开展各种各样的活动，而且他们在心理上已经逐渐开化。

儿童自己也察觉到了这种分别，有个孩子对这一点进行了描述，而且是以一种令人难忘的方式。有位贵族小姐曾视察过我们学校。因为她并不熟悉学校的情况，便向一个男学生询问道："这就是让你们行为变得守规矩的学校吗？""不，小姐，"男学生说，"它并没有强制规定我们的行为，因为我们做的事都是我们喜欢做的和愿意做的。"这个学生已经明白了二者的区别。因此一旦人下定决心去做某件事情，那么这件事就理应可以给他带来快乐。

我们应该清楚地明白一件事——有意识的意志需要经过应用和行动才可以获得继续向前发展的动力，我们应该尽全力去引导这种意志而不是去干预它。因为我们能够在短短一瞬间摧毁这种意志。这种意志是以特殊环境下持续的行为作为根本，经过慢慢推动发展而来的，但摧毁它却是一件非常容易也非常简单的事。正如爆炸或者地震可以在几秒钟之内毁灭建筑物，但我们建造一座建筑物却是非常困难的。这需要平衡、原料、艺术等方面的知识。仅仅只是建造一个没有生命的建筑物，就需要这么多的知识，不言而喻，要对人的心理进行塑造，就需要掌握更多的知识。然而对于人类心理的塑造是在人们肉眼无法看到的状态下进行的，而塑造它的既非父母也不是老师，当然更不是建筑师。父母和老师仅是在塑造过程中为其提供一些辅助性工作，而且这些辅助性工作本来就是他们的职责和目标。这是由于他们会在不经意间毁坏和摧残孩子的意志。目前，这个问题还存在着许多成见，我们有义务对其进行说明和澄清。

通常，在教育机构都会存在这样一种极为普遍的成见——教育工作者们会觉得，所有的事情都能够通过说教（让孩子的耳朵去听）和设立典型（让孩子的眼睛去看）来处理。但是，实际上孩子的性格仅能通过利用自身能力的方法来发展。孩子经常被当作一个被动的承受体，而非一个主动的学习体。这个观点会存在于孩子所有的教育阶段。人们一般会通过讲神话故事的方式来训练他们的想象力。可是这些神话故事，他们仅仅能够听进去一部分而已，因此，被认为是人类思想宝贵财富的想象力，仍然没有获得任何的发展。这种不正确的观点在意志力上的反映显得更为突兀，这是由于一般学校都会拒绝提供任何机会去锻炼孩子的意志力，教育工作者也会明确地告知学生应该做什么、不应该做什么。他们任何的抵抗行为都会被认定为带有叛逆性质。所以我们或许可以这么说，教育工作者正在不遗余力地摧毁孩子的意志力。

同时，通过设立典型来教育孩子的方式，让老师不自觉地把自己当成了供孩子学习的榜样和典型。在老师那里，想象力和意志力甚至无法占据一席之地，学生沦落到只能看和听的境地。因此，我们一定要舍弃这些成见，勇于面对现实。

在传统教育中，教师概括出一句听起来好像很符合逻辑的话："教育别人首先一定要做好自己。要让儿童学习我并且服从我的命令，这样就可以高枕无忧了。""服从"变成了一条最根本的教育原则。曾经有一位教师说过一句这样的名言：在孩子身上所拥有众多的美德中，最为重要的一点便是服从命令。

因此，教育工作开始变得容易起来，教育工作者也变得很骄傲。他们也许会说："我的这个学生什么都不知道，我要教育他们，将他们培养成跟我一样的人。"所以，老师开始了自己的工作。

实际上，孩子的心里正在实施着一种建设性工作，这其实比老师、父母的工作都要伟大得多。自然，这工作也同样需要获得他们理解和帮助。此前，老师曾经将鞭子作为工具，强行将自己的意愿加在学生们的身上。但是很快，人们开始追求文明教育，教师们因此表示反对，他们说："假如不让我们用鞭子，我们将不知道怎么去教书。"甚至在《圣经》中，所罗门也这样说：父母使用棍棒教育孩子是正确的，否则孩子将会走进地狱！纪律就是在这种威胁和害怕之中产生的。我们最终能够用这样一句话进行概括：孩子不听话就是一个坏孩子，相反，孩子听话就是一个好孩子。

因为现代民主、自由等观念的普及，使用这种方法教育学生的老师被认为是独裁者，除非他们可以在教育过程中增添一些随性和遐想。而旧式学校的教师仍然固守着这个错误理论。独裁者的暴力和教师的暴力也是有分别的，独裁者是利用暴力去建设，而老师却是利用暴力去摧毁。

这一观点最主要的错误在于，它认为一定要让人们的意志变得服从之前将其毁灭，换言之就是在它可以接受和服从他人的命令之前将其毁灭。假如这一观点在实际教育过程中进行推广和应用的话，那就意味着一个学生在学会知识以前，他的思想就已经被摧毁了。

可是，一旦人们在成长过程中获得了足够的意志力，他就可以自由地选择是否服从他人的命令，到了这个时候，情况就完全不同了。这时的服从已经变成了一种尊重，变成了对权威的认同，老师可以借此在儿童的身上获得满足感。

所以，意志力和服从命令的意识是可以并驾齐驱的。成长的前提和基础是拥有意志力，服从命令则是这一基础之上的产物。在这里，"服从"这个词被赋予了新的寓意，它已经被当成了个人意志的升华。

事实上，我们很容易就能发现，人类的天性中就有服从的因子，这是人类所具有的一种特质。孩子服从命令的意识是逐步建立起来的。它是自然的，并且会以一种不期而至的方式，在人类成熟过程中靠近尾声的那个阶段出现。

事实上，假如人类意识中不具备"服从"这样的品质，假如人类在进化过程中没有获得这种品质，那人类的社会生活将会很难想象。所有事情都能够清楚地表明，人类具备服从的意识！这种服从恰好导致了很多人走向死亡。这是一种完全脱离了控制的服从，是一种能够摧毁一个民族的服从。在这个世界上，从来都不缺少服从。反之，它被当成了人类心理成长的自然现象，被当成了一件极其寻常的事情。真正的问题在于，我们缺少对于服从的把控。

在对自然状况下成长的儿童进行观测时，我们发现，服从这种意识的进步是人类性格中极其重要的特质。我们的观测为这个问题的研究指明了方向。

儿童服从意识的培养与其他方面的成长大致是相同的。第一，它受"有目标"的冲动干扰，而后它进入意识层面并逐渐成长，最后进入意识和意志的掌控之下。

接下来，我们将探讨服从对人而言到底代表着什么。以前人们觉得服从就是：老师或父母命令孩子做一件事，孩子遵照他们的命令去完成了这件事。

可是，假如我们对于服从意识的发展历程进行研究之后，就能发现，这个过程经历了三个阶段。起初，儿童时而听话、时而不听话，看上去反复不定。自然，我们一定要对这种情况开展深入研究。

服从不只是依靠我们所讲的"美好的愿望"。反之，儿童在第一阶段的行为仅受"有目标的行动"的操纵。每个儿童都会这样，这种状况会一直延续到出生后第一年结束的时候。在1—6岁的时候，上述状况已经出现得很少了，儿童已经逐步有了意识，有了自我把控能力。在这个阶段，儿童的服从意识与他所具备的能力是有着极为紧密的关联的。要服从某人的命令就必须要到达一定的成熟水平，具备一定的能力。例如，让人用鼻子走路就是非常荒唐的命令，从物理学的角度来看这是绝对不可能的事情。同样，命令不能写字的人去写一封信也是非常无理的要求。所以，我们一定要先清楚儿童的发展程度是否已经达到了服从命令的条件。

一般来说，对于3岁之前的儿童，除非命令与他们的内心需要相符，不然他们是绝对不会服从的。由于儿童的心理此时还未成型，正处在性格创建阶段，需要身体各项机能达到可以控制意识和意愿的水平才行。只有这些孩子的成长水平到达一个新的阶段，他们才可以变得服从。事实上，成年人也用他的行为告诉我们，他们从来就没有期望过一个只有2岁的孩子能够遵照并执行自己的命令。

成年人可以通过本能与逻辑推断（或是通过和儿童长期生活所获取的经验）得到结论，假如想让这个年龄段的儿童不去做某件事，那么一定要下达带有暴力强迫性质的命令给这些孩子。

但是，服从也是带有一定的肯定性的。首先，服从具有满足他人意愿的特点。大一些的孩子早已不像0—3岁的孩子那样，处于早期的准备阶段。在3岁之后，也会包括一些类似的成长时期。以至对一个3岁之后的孩子而言，他在服从命令之前肯定也是具有一定能力的。他不会突然之间就服从旁人的意志，也不会忽然明白自己要做某件事的原因。儿童的内心深处正在经历某种发展变化，这个过程也需要经历几个阶段。在这个发展过程中，儿童也许会按照别人的要求去做某件事，但是这仅能表明他可以运用刚刚产生的某种能力。但要想让儿童可以反复运用这种能力，可能还需要一段时间来进行巩固。

这种状况在儿童第一次获得运动能力的时候就会有所表现。儿童在1岁大时，就开始学着走路，但是他会不断地跌倒，在尝试了一段时间后，他就不会再继续尝试了。可一旦儿童绝对具备了走路的能力之后，他就可以随时随地运用这种能力。

另外还有一点也很重要，儿童在这个阶段所拥有的服从意识是由他已经具备的能力来决定的。他也许第一次服从命令，第二次又不服从了。老师一直觉得孩子这样的做法是故意的，并且总是责问他们，这种责问很容易就会阻碍孩子各种能力的发展。还有一个十分有趣的例子。在教育理论界具有很大影响力的瑞士知名教育家裴斯泰洛齐①，他首先提出了父爱教育的观点，认为教师理应像父亲一样对孩子所面对的挫折表示怜悯，对他们不正确的行为理应表现出包容和谅解。可是有件事他既未包容，也未谅解，那就是儿童的反复不定。他没法容忍孩子一下子乖巧，一下子淘气。假如孩子第一次达成了他的要求，他就觉得他们具备了做这种事情的能力，然后裴斯泰洛齐就没法再接受孩子一会儿能做成、一会儿做不成的反复不定。他所说的父爱在这里也荡然无存。试

---

① 裴斯泰洛齐（Johann Heinrich Pestalozzi，1746—1827），瑞士教育家和教育改革家，要素教育思想的主要代表人物，被尊为西方"教圣"、欧洲"平民教育之父"。

想，就连裴斯泰洛齐都没法容忍这样的事，何况是其他的老师呢？

在孩子某种能力形成期间，没有任何事会比打击他们的主动性更为致命。假如儿童还没有完全控制自己的行为，假如他还无法满足自己的意志，那么他该如何去服从他人的意志呢？所以，这就是儿童出现时而服从、时而不服从的原因。这不仅仅会发生在儿童身上，也可能会发生在成人身上。例如一位乐手也许某一次演奏得很好，但再一次演奏时却发挥得很差。这并非是他意志的原因，而是他还未完全精确、熟练地掌握这门技巧。

所以，服从意识在成长的第一阶段的特点就是，儿童时而服从、时而不服从。在这个阶段里，服从和不服从是相伴而生的。

第二阶段是随时都能服从命令，在自我控制这个问题上不会再有任何阻挠。这种能力已经达到了稳定状态，孩子不仅能够服从自己的意志，同时也能够服从旁人的意志。这是服从意识成长过程中的重大进展，就好比一种语言可以翻译为另外一种语言一样。儿童能够体会出别人的意愿，而且能够通过自身的行为表现出来。这是目前教育所期望获得的最高水准的服从，多数教师希望达到的也正是这一点。

可是，在自然规律的指导下，儿童的成长历程并未真正结束。他们成长的速度远远高于我们的希望，他们的服从意识还会成长至第三个阶段。

儿童已经可以自由掌控和运用他们方才得到的种种能力，可他们在这一阶段并未做任何逗留，他们会向更高的档次进步。儿童好像意识到，老师可以做的事是自己所无力做成的。所以，他好像对自己讲："这个人的能力比我强，他能够促使我大脑发育，我会变得和他一样聪明！"这种感受能够给儿童带来无穷无尽的欢乐。这种能从另外一个人身上学到东西的感觉会激发儿童极高的热情，儿童将会不断地等候老师给自己下达命令。这是一种很有意思的现象，让我们将儿童的行为和狗做一下对比。狗对主人充满好感而且随时等候命令。狗会凝视着主人手里面的球，一旦主人把球抛向远处，它就会立刻跑过去并且非常自豪地将球叼回来。而后，它就耐心地等候主人下一次发布命令。它期待获得主人的命令，而且它能够从服从命令中获得快乐。儿童服从意识成长的第三个阶段与此类似，他们似乎急于等候和执行别人的命令。

有一个非常有意思的例子。一位任教10年的女教师将她的班级管理得很好，也经常为同学提出一些意见。但是，有一天，她说："将东西收拾好，在你们今晚回家之前。"在她仅仅说了前半句话"将东西收拾好"的时候，同学们就已经开始快速认真地收拾，直到她将后半句说出来后，同学们才停止收拾东西的动作。儿童的服从意识响应得这样快速，以至于老师必须变换说话的语序。所以，老师应当这样说："在今晚回家前，把你们的东西收拾好。"

听这位老师讲，这样的事时常发生。儿童的快速响应致使她在说话之前必须进行谨慎思考，她觉得这是自己的职责。但我们经常觉得，人能够任意地用自己热爱的方法去发布命令。反之，她的这种权势给她带来了压力。有一次，教室里的同学十分喧闹，她打算在黑板上写"肃静"这个词语，在她写完第一个字时，班级已然变得肃然无声。

我个人的经历为这个问题提供了其他方面的证据，此时的服从具备了很多层面上的意思。孩子在这种状况上体现出了一种极其一致的统一性，我的命令也被一个整体所认可。这种十分安静的状况，只有当在场所有的人都维持安静时才可以做到，假如有任何一个人发出声音，这种安静就会被打破。要得到这种安静就一定要所有人都有意识地维持安静，这样就产生了群体的意志。我们发觉，随着不断重复的玩游戏，这种群体的意识也在不断地增强，孩子们维持安静的时间也会越来越长。所以，在游戏中我们又加了"点名"这一步骤。当某个同学的名字被轻声点到时，被点名的同学要一声不响地起立，其他同学则维持现有姿势不变。被点名的同学则要以很慢的速度起立，尽力不发出任何声音。我们能够想象出最后被点名的同学将会坐很长的时间！因此，孩子们的意志力将会成长到一个非常高的水平。这种训练能够增强人们对自身激动和行为的掌控，进行这个游戏的儿童能够通过对行为的掌控来训练自身意志力。通过游戏的训练，这些孩子将会组成一个十分优秀的群体。我们发觉由于服从意识需要的一切因素他们都已经准备好了，所以他们都拥有了服从意识。

　　意志力最终阶段的发展，是儿童具备了服从能力，这种服从能力又促使儿童具备了服从意识。当儿童的服从意识到达非常高的水准时，无论老师发布什么样的命令，他们都能够立刻执行。那个女教师觉得自己应当多加注意，不要让自己的个人意志影响到孩子，她也逐步意识到作为管理者应当具备哪些品质。优秀的管理者无须在行为方法上体现得果断，但是必须拥有一种强烈的责任感。

第十二篇
儿童的纪律性和老师

有的老师缺乏教学和管理经验，虽然她充满了热情，但也觉得孩子的内心应该具备纪律性。不过，她发觉自己又惹上了很大的麻烦。

她知道孩子一定要自由地选择自己想要做的事情，这种自发的行为从一开始就不应该受到干扰。她也明白老师不应该强迫孩子去做什么事情，同时也不应该恐吓、奖励或惩罚孩子。老师应该扮演一个安静、被动的角色，同时应该有充分的耐心，甚至应该从孩子的身旁隐退，以防止自己的性格对孩子产生影响，从而为孩子的心理发展留下充足的空间。这位老师给孩子准备了很多物件，但是，孩子的服从意识不仅没能增加，反倒减少了。

那么她曾经学过的那些原则是错误的吗？不。她只是忽略了理论与结果之间存在的某些东西——老师的实践经验。在这个问题上，新手老师需要获得一些建议和帮助。这样的情况在内科医生或是其他坚持某种观念或原则的人身上也可能发生，他们会觉得自己面对的问题要比求解数学方程式中的未知数更加困难。

我们永远都要记得，存在于内心深处的纪律性并不是先天具备的，而是在后天逐渐形成的。老师的任务是指导和帮助孩子形成这种纪律性。孩子可以将自己的注意力集中在对他们具有吸引力的事情上面，做到这一点也就表明他们具备了纪律性。这些能够吸引孩子的事情不但可以让他们获得有用的实践经验，而且可以帮助他们控制自己不再犯错误。正是因为这些实践经验发挥了作用，使孩子的心理从整体上具有了一致性，也让他们变得快乐、安静，进入了一种宠辱不惊的忘我境界。孩子这种能够征服世界的力量令人感到吃惊，同时也向我们展现出了人类心理的重要价值。老师的任务就是为他们指出一条走向完美的道路、传授给他们方法、帮助他们跨过障碍等，但是老师本身也有可能变成孩子所面临的最大障碍。假如孩子具备了这样的纪律性，那我们的工作也就失去任何意义了，孩子的本能就足以让他们克服所有的困难。

孩子在 3 岁时进入我们的学校，此时他们所面临的境况已经十分严重。因为他们已经在思想上形成了一种防御机制，他们的天性已经被埋藏在了很深的地方。我们没有办法从他们的身上看到那种平和、安静、智慧的气质。他们展现出非常浅薄的个性——行动散漫、语言含糊、不服从大人的管教等。

可是，孩子的智力和纪律性正在等待着我们去开发。尽管他们受到了压制，可是却没有完全被打倒，我们也不是没有办法帮助他们改正缺点。学校一定要为孩子提供充足的精神发展的空间与机会。与此同时，老师们也一定要记住一点：孩子所表现出来的防御性与种种不良行为都是他们心理在正常发展过程中所遇到的一些障碍，只有跨越这些障碍，孩子们才能最终到达完全自由的彼岸。

教育的起点应该就在这里。假如老师无法区分什么是纯粹的冲动，什么是平静心理自然而然产生的能力，那他的所有行为便不会发挥任何作用。能够区分上述两种行为，是老师有效开展工作的前提。两种行为分别有着各自的特点，这是孩子按照自己的意愿所进行的，但在性质上却完全相反的两种行为。老师必须拥有对这两种行为的判别力，才可能转变成一个观察者和指导者。这一点有点类似医生的工作，医生首先要能够区别正常的生理状态和病态。假如连有病、没病都区分不出来，他就不可能对疾病做出正确的诊断，更不要说对症下药了。追求完美的第一要务，就是要具备区分好坏的能力。我们可以精准地描述出孩子心理发展所需要经历的每一个阶段吗？当然可以。同时我们还可以为老师提供一些富有标志性的特征。接下来，我们将针对3—4岁的孩子展开讨论，这么大的孩子还没有接触过能够在内心生成纪律性的所有因素。下面我们就通过一些简单的描述对三种不同类型的孩子及其特征展开分析：

1.失常的主动行为。在这里，我们只针对行为本身进行讨论，至于导致这种行为的动机，则不予讨论。这样的行为可以表现出非常不和谐以及缺乏协作的情况。这样的表现是极为重要的，相比于哲学，它显然更加具有神经医学方面的意义。医生或许能够从一个患有严重疾病的人（例如处于爬行瘫痪第一阶段的患者）的主动行为中发现某些十分细小的缺陷。他们明白这样缺陷的影响是极其重大的。所以，他在对病人进行诊断的时候，就不会只将心理失常与行为混乱作为诊断的基础。虽然心理失常与行为混乱也属于这种疾病的症状，但是行为笨拙的孩子也许还会展现出一些其他的特征。比如行为举止没有礼貌，或是在做一些动作的时候突然向前猛冲，或是让身体旋转、经常大喊大叫等。不过所说的这一类行为并不具备多大的诊断价值。通过教育，我们可以让孩子早期的运动行为变得更加和谐，从而减少主动行为失常情况的发生。老师们无须对孩子在正常成长发育过程中所出现的各种失常行为一一进行纠正，只需要为孩子正常开展协调的运动提供某些有趣的形式和方法就足够了。

2.这种失常的另外一大特征是孩子无法把自己的注意力集中在某一件事物上面，他的大脑更像是正在进行空想。他总是非常喜欢玩一些石头、树叶一类的东西，而且总是对着这些东西讲话。这样的孩子在长大成人之后，会拥有更加天马行空的想象力。但越是偏离了正常轨道的功能，他的大脑就越会觉得疲惫，最后变成想象的奴隶。令人感到不幸的是，很多人觉得这种影响人类个性发展的空想对于心理的发展也会起到促进作用，同时觉得这是一种非常具有创造性的想象力。但其实某些人并不是这样的，对于孩子来说，这种想象力除了石头、树叶以外几乎什么都不是。

人类的精神世界建立在能够与外部世界和谐融洽相处的完善的人格这一基础上。空想会让人与现实世界相隔越来越远，并不是一种自然的发展状态。空想会让人在头脑中产生某些不正确的想法，也不会让人们的思想变得更加和谐。人们应当更加关注现实中的事物，空想却会对人类关注现实事物产生极大的影响。也可以这么说，空想是人类精神世界所依赖的器官的一种萎缩。老师也许会通过某些方法将孩子的注意力吸引到某些实物上面，例如让孩子们帮忙摆放桌椅等，这些方法通常都不会产生任何实际的作用。消除这种不健康症状的最佳办法就是帮助孩子协调自己的运动能力以及让他们把注意力集中在现实世界。

不过也没有必要——纠正孩子身上各种的不良症状，一旦孩子可以将自己的注意力全部集中到某个实际事物上面，他就能够慢慢恢复健康，身体的各种功能也能够正常发挥。

3. 模仿倾向的出现，这与另外两种现象有着密切的关系，而且这种倾向也开始变得越来越现实。这是人类基本弱点的一种表现，是 2 岁左右孩子自身个性的最基本的表现。由于相应的能力尚未形成，孩子只能在自己的行为上对别人进行模仿。这样的行为并不包括在孩子正常发展的范围内，他们此时就如同一艘失去了帆的船，只能随波逐流。我们在对 2 岁左右的孩子进行观察的时候就能够发现，他们所有的知识都是在模仿的基础上学来的，这是心理上的一种退化形式。这种形式和孩子的失常以及心理波动都有某种联系。它对于孩子各方面能力的提高没有任何帮助，只会让孩子逐渐走下坡路。

　　一个孩子可能会把某件事弄砸了，也可能会大吵大闹，例如整个人躺到地板上又叫又笑，而别的孩子看到他的样子之后可能就会有样学样，甚至会变本加厉。类似的行为可能会在孩子的群体中一个传一个，甚至可能会传染到其他的班级。这是一种"群体的本能"，可能会让很多孩子表现变得反常，甚至做出违反社会常规的行为。这种模仿行为会让个体的缺陷传播到其他人身上，最终出现整体退化的情况。

　　这种退化表现得越严重，我们就越是难以帮助孩子重回到正轨。不过，一旦我们帮助他们重回正轨，那么所有不良的表征都会随着消失。

　　当老师被学校派到一个班级进行管理的时候，假如他们只懂得如何帮助孩子发展的方法，只懂得让孩子们自由自在地表达自己，那么他会发现——自己将要面临很多非常让他感到头痛的问题。这些孩子逐渐变得纪律散漫，随手就拿身边的东西，假如老师们视而不见，那么局面也就会变得更为混乱，吵闹声也随之四起。面对这样的局面，不管其原因是缺乏经验抑或是思路不对，老师们都一定要对孩子们那单纯而又丰富的心理状态进行分析和研究。老师务必要向这些或走或爬或跑或跳的小家伙们提供帮助。老师一定要采用某种方式让孩子们有所警醒。这时采用一种带着些许威严但又不失温和的语气或许能发挥一些作用。不要因为阻止这些孩子的错误行为而感到害怕，就如同我们在要求某个孩子在回答问题之前先点他的名字一样，假如我们想要警醒他们，就一定要对他们的心灵发出召唤。老师一定要把孩子们手边所有的小东西全都拿走，抛弃自己所学的各种各样的原则，然后再着手解决这个问题。只有老师才能够做到因人、因事而异，运用自己的智慧圆满地解决这个问题。老师明白孩子们错在了什么地方，所以，他也应该知道如何去帮助孩子们解决问题，改正错误。优秀的医生绝对不是一台开药方的机器，优秀的老师同样也不会是一台只知道机械地固守某种教育方法的机器。老师应该根据自己的判断来解决问题。为了吸引所有孩子的注意力，他可以让自己说话的声音提高几度，也可以对着孩子们低声地说话，这样的方法看似简单，却能够恢复班级的平静。但具体采用哪种方法就需要老师自己来决定。就好像在钢琴上弹出一个非常和谐的音符，可以盖住所有的噪声一样。

一个经验丰富的老师把自己的班级管理好之后，就再也不会有混乱局面出现，因为在暂时离开班级之前，他会事先拿出一段时间对孩子们进行指导，这样就能够让孩子们在老师不在的时候不至于变得混乱。所以，老师要做好一系列的准备，让孩子明白老师可以给自己提供很多的帮助。老师在夸奖和教导学生的时候，应当采取平静的语调，态度要坚定，而且要有耐心。有些方法或许十分奏效，举例来说，让学生们将桌子、椅子小心地摆放到适当的位置，或者将椅子排成一条直线，然后再坐到椅子上面，又或是蹑手蹑脚地轻轻地从屋子的一头跑到另外一头。倘若老师觉得时机已经成熟，就可以对自己的学生说："好了，孩子们，现在让我们变得安静吧！"那么一个神奇的场面就会出现——教室里马上就变得安静了。这些很简单但是很奏效的方法可以让孩子们散漫的心思在短时间内就集中到自己要做的事情上面。这之后，老师可以慢慢拿出一些小玩意儿给孩子们，但是不要让他们一直拿着这些东西，要教会他们知道怎样使用和玩耍这些东西。

这时，班级重新恢复平静。孩子们也再次回到现实的世界之中。他们所有的行为全都有了一个特别确定的目标，比如擦桌子、扫地、从橱柜里拿出学习用的工具，并正确使用这些用来学习的工具等。

很明显，在这样的实践活动中，孩子们增强了自己进行自由选择的能力。老师们也觉得很高兴。不过他们觉得蒙台梭利教育方法中所提到的教学用具的数量似乎远远不够，学生们在一个星期的时间内总是一遍一遍地不断重复使用着同样的东西，而且很多学校都出现了类似的情况。

有一个问题展现出了这种教学程序的脆弱性，并且对整个大局形成了威胁：孩子们一刻不停，在摆弄完一种教具之后又继续去摆弄另一种。可是每种教具他们只会摆弄一次，然后便去摆弄其他的教具。孩子们总是不停地往装教具的柜子那边跑。没有一种东西能够激起孩子们持久的兴趣，让他们这方面的能力获得长足的发展。他们的个性没有得到锻炼也没有获得发展。这种停不下来的变换不能让孩子的心理变得和谐。他们就像蜜蜂一样在花朵之间不停地穿梭，但是却找不到一朵能够让他们放心满意采蜜的花。假如没有一种巨大的、能够促使自身个性和心理正常发育的本能行为在内心觉醒的话，孩子们是没有办法进行工作的。

这种不稳固的局面一旦出现，老师就会觉得自己的工作很难开展下去。他只能在自己的学生中间来回穿梭，与此同时又将自己内心的焦虑扩散到了这些孩子的身上。很多对此感到厌烦的孩子在老师转过身以后就又会继续胡乱摆弄那些东西。老师来到这个孩子身边以后，可能那个孩子又会出现问题。至今，道德和智力也没有获得长足的发展，仍然等待着我们继续进行开发。

这样的纪律性真的是太过脆弱。为了避免出现这种秩序混乱的状况，老师始终处在一种高度紧张的状态。很多老师不仅未经过充足的训练，而且也缺少相关经验。在那些"新来的孩子"身上，他们寄予了非常大的希望，也付出了很多的努力和心血，可是仍然没有什么成效。到了最后，他们也许就不得不认为，这样紧张的状态是一种对老师的痛苦折磨，对孩子来说也不会带来什么好处。

对于孩子的这一类情况，作为老师肯定要有一定的了解。这些孩子在心理上正经历一个转型的时期，而进一步发展的大门尚未在他们面前打开，孩子们还在门口徘徊。事实上，我们几乎无法看到他们获得任何发展。这样的情况只会朝着越来越混乱的趋势发展，而不会变得越来越有秩序。在这样的情况下，孩子需要做的工作必然不能那样完美。他们基本上可以达到运动协调的目的，可是却少了力量感和美感，而且状态时好时坏。与第一个阶段他们尚且不能与现实的世界进行接触之时相比，他们可以说没有任何的进步。这些孩子的状态就如同大病初愈，处在自身发展过程中的一个极为关键的阶段，老师必须要在这个阶段发挥自身两种不同的职能：一是监督孩子，二是逐一对他们展开教育。也就是说，老师必须一个一个地教给学生每一种物品应该如何使用。对整个班级进行全面监督以及对个别学生进行指导，可以说是老师为学生提供帮助的两种主要方法。老师在这个阶段一定要记住，在他单独对某个学生进行指导的时候不要背对着别的孩子。在孩子们感到迷茫的时候，老师一定要让自己面对着孩子们。老师应当一个个地为自己的学生提供准确的指导，这种指导应该通过一种非常亲密的方式开展，只有这样才能让孩子的心灵受到感动。总有一天，在孩子们幼小的心灵之中，一定能够有所觉悟，他们手里拿着的东西会让他们产生非常大的兴趣，而且他们会不停地一遍又一遍地摆弄这个东西，他们的注意力也会因此变得集中，他的手工技能也在这个过程中获得提高。如果孩子能够展现出这样一种积极和满足的状态，那就说明他的内心已经正式进入了一个全新的发展阶段。

　　孩子在自己内心发展的过程之中，获得可以自由进行选择的机会是十分重要的。他们只有在了解了自己内心发展真正的需要之后，才谈得到真正去进行自由的选择。假如孩子在同一时期内受到各种各样的外部刺激，而且每一种刺激都成功地吸引了孩子们的兴趣，但是他们总是在摆弄了一件东西之后又去摆弄其他的东西，他们自身的意愿并没有发挥支配作用，那么这也根本谈不到自由选择。让老师明白这一点是很重要的。倘若孩子没有自己的主见，那它也不可能踏上通向完美的道路。从某种角度来说，他仍然受到了环境的极大的影响，成为各种各样简单直接的刺激的俘虏。他的内心就像钟摆一样，始终在不停地来回摆动着。只有当他们具备了自我感知的能力，愿意静下心来去做某一件特定的事情的时候，我们才可以说，他们真的成熟了。

在很多种类的生物身上，我们都能够看到这些简单但却非常重要的现象。每一种生物都拥有一种能力，这种能力可以使其在复杂的环境下做出自由的选择。对于生物来说，这种自由选择的能力是十分有利的。

植物只能从土壤中汲取自身所需要的特定种类的营养成分。昆虫也是如此，它们总是经常飞到某些特定种类的植物和花朵上面。人类也有着类似的情况，只是人类所拥有的这种能力是通过后天习得而并非与生俱来的本能。婴儿，特别是在他未满 1 岁的时候，内心是极为敏感的。如果教育方法不得当，就可能会将婴儿这种敏感性扼杀在萌芽阶段，最终，慢慢长大的孩子会对各种各样的外部刺激产生浓厚的兴趣，成为这些外部刺激的俘虏。在我们大部分成年人中间，这种敏感性早已消失了，而当成年人见到孩子身上拥有这样的能力时，我们就会觉得十分吃惊。一个没有接受过这方面训练的老师或许会非常容易地扼杀这种能力，就像一头体型庞大的大象肆无忌惮地踏碎含苞欲放的花朵似的。

当孩子将自己的注意力集中在某一件东西上面，并且不停地重复自己的动作来摆弄这件东西的时候，他的内心就会处于一种放松、安宁的状态。在这种情况下，我们无须为他们感到担心，真正需要我们去做的事情，就是满足孩子的要求，将他们可能会遭遇的障碍一一排除。

不过，在孩子能够让他的注意力达到上述那种集中状态以前，老师一定要学会自我控制，从而让孩子的内心世界获得自由的发展。老师应该做的事情，就是不去干扰孩子正在从事的工作，如果老师能够充分运用这种能力，那么就会对孩子产生非常大的作用。身为老师，他们不能只是为学生提供简单的帮助，但也不能站在一个地方一动不动。在为这些孩子提供帮助和服务的时候，他们同时也一定要对孩子进行认真的观察，因为孩子将自己的注意力集中起来是一种极为微妙和神奇的现象。当然，老师在观察的时候不能让自己一直待在台前，也不应该轻易地就向孩子提供帮助。老师应该通过自己的观察来了解孩子，对他们集中注意力的能力进行评估，进而全面掌握他的心理发展状况。

对孩子来说，能够将注意力集中起来是一件非常值得高兴的事情。周围的一切事物都无法对他造成干扰，他俨然变成了一个隐士。在这个过程中，孩子的天性逐渐得到释放，并且形成独特的个性。当他从自己全神贯注的事物中走出来的时候，他们会发现这个世界充满了新鲜感。而他也对很多人、很多事充满了爱。对于身边的每个人，他都十分友好，而且对于美好的事物，他也都抱着一种热爱的态度。这个心理过程的转变非常的简单：先是让自己跟这个世界相互隔绝，然后拥有与这个世界更好地进行融和的能力。正所谓"不识庐山真面目，只缘身在此山中"——当我们坐上飞机，升到半空以后，就可以从整体上更加清楚地看见地面的全景。对人类的心理发展而言，也是同样的道理。为了让我们与身边的人变得更加融洽、和谐，我们应该暂时和他们分离，以便获得更大的爱的力量。智者在为人类造福以前也是先将自己一个人关在房间里，绞尽脑汁地寻找可以造福人类的方法。可以说，爱与和平是一项伟大的事业，而这项事业的准备工作一直都是在幕后完成的。

孩子通过让自己的注意力集中来达到与外界隔离的效果，然后因此形成了坚忍而宁静的性格，对自己身边的人满怀着爱心。同时，孩子的身上具备了自我牺牲、生活规律、服从命令等十分优秀的品质。他们对于生活的热爱，就如同泉水一样奔流而出，并且将这种爱传递给了身边的每一个人。

孩子注意力的集中可以让他们的社会责任感得到极大的增强，老师们一定要特别注意这一点。他们需要在孩子这种社会责任感形成以后为孩子提供相关的帮助。这些孩子想要从老师那里学到知识，就如同他们希望从蓝天、花草中获得自由的感觉和美的感觉一样。

这时，孩子们所展现出来的热情对一个缺乏经验的老师而言，形成了一种极为强大的压力。在第一个阶段，老师不能将时间花在管理孩子各种错乱的行为上面，而应该对孩子的基本需求予以关注。今天也是如此，老师不应该受到各种表面现象的迷惑。老师一定要注意那些最主要的事情。此刻，老师的工作就如同一扇门的合叶一样，虽然一直在幕后开展工作，却始终掌控着整个局势的走向。

老师这份工作具有准确性、经常性等特点。最初，老师或许认为自己一点用处也没有——因为孩子的进步与老师所起到的作用不成正比。没过多久，他又发现孩子们在生活上变得越来越独立，孩子们的语言表达能力变得越来越强，孩子们的成长速度也变得越来越快。此时，老师便会感到自己在幕后所做的工作是很有价值的。此时老师心里应该想到施洗约翰在与弥赛亚见面以后所说的那一句话："他命中注定要获得成长，而我则要退居幕后。"

这个阶段的孩子十分需要一位权威人士来为自己提供指导。当孩子通过自身智力和行动力的运用完成了某一件工作（比如说画了一幅画或是默写了一个单词）以后，他就会跑到老师跟前，向老师征求意见。孩子不需要让别人告诉自己应该怎样做，一颗向往自由的心最需要的就是能够自由选择和开展自己的工作。可是，孩子在做完了自己的工作以后，总是希望能够获得老师的肯定。

孩子通常都会遵照自己内心的某种愿望和要求，这是一种本能，可以为他精神和内心的隐私提供保护。同样，孩子也需要将自己取得的成果拿到成年人的面前，来明确自己所付出的努力是否值得和正确。孩子从最初学习走路的时候，就是这样的情况，尽管他们已经具备了行走的能力，但是他们仍然希望父母在对面张开双臂迎接他们。对老师来说也是一样，老师当看到孩子工作的成果时，就应该对他们进行鼓励，至少也要向他们露出一个赞美的笑容。当然，在孩子的成长过程中，自信心的建立主要还是要靠孩子自己，跟老师没有太大的关系。

一旦孩子对自己要做的工作充满了信心，他便不会再从别人那里寻求鼓励了。在其他人不知情的情况下，他能够一件接一件地把所有工作做完，而且只关注这些工作成果的好与坏，而不会在意其他的事情。让他们真正感兴趣的是这项工作的本身，而非别人对自己的羡慕。很多参观过我们学校的人也许都记得，在向来访者介绍孩子的工作成绩的时候，我们从来都不提孩子的名字。因为老师明白孩子们根本就不在意自己是否会出名。在别的学校里，倘若老师忘了介绍一幅作品的作者的名字，那么这位作者就会觉得非常不甘心，他或许会带着抱怨的语气说："这幅作品的作者是我！"

但在我们学校，那位创作出精美作品的作者也许正在某一个角落里忙着做另外一件事情，他不想让别人干扰自己的工作。这个阶段的孩子在专注地、一件接一件完成自己作品的同时，也慢慢地培养了一种纪律性。通常他们都会忙而不乱，而且具有服从命令的觉悟，充满热爱，就像春天的花儿开放是为了希望获得秋天的收成一样。

第十三篇
爱的源泉——儿童

　　我们常常举办蒙台梭利式聚会。在这样的社交场合中，学生常常会把亲戚和朋友带来，所以在聚会中我们经常能够看见婴儿、幼儿、青少年、成年人、专业及非专业人员、受教育的人及未受过教育的人，这些人混杂在一起，而且谁都不会认为需要对这些人进行组织和引导。这种由三教九流的人一起参加的聚会与其他学术会议完全不同。我们唯一的要求是那些受过训练的学生必须达到一定的水平。这些人中或许有刚入学的学生、教师、律师、医生、病人等各种人。在欧洲的时候我们的学生来自世界各地，在美国有个学生甚至是无政府主义者。纵然生源这样繁杂，但是学生间却从来没有产生过任何冲突。这是什么缘故呢？是由于同一个理想让他们聚集到了一起。比利时比印度小很多，他们主要讲两种语言：法语和佛来芒语。其公民也分属于不相同的团体，社会主义、天主教和其余团体的存在让它们间的关联更为繁杂。通常状况下，很少见到这些分属于不同团体的人举办聚会。不过，我们举行的聚会却十分成功。这看起来有点难以想象，因此很多报纸都对此发布了评论："多年来，我们一直努力想方设法举办由各种团体参加的会议都没有成功，但是现在这种会议竟然自发地出现了。"

　　这便是儿童的力量。无论人们属于哪种宗教或政治团体，他们对儿童都会十分亲切和喜爱。儿童就是以这种爱为基础，促成团结的力量的。成年人有着热烈而且疯狂的信仰，组成各式各样的团体并且以此为基础。当他们一起探讨某个问题时，或许会由于观点不一样最后造成互相殴打。然而，人们看待儿童的感情全都一样，极少有人能认识到儿童所产生的巨大作用。

下面，我们来对爱的本质进行探讨。让我们先来看看诗人和先哲是怎样表述爱的——他们可以把爱所具有的强大力量用最完美的形式表现出来。人类的生命是被爱的伟大情感孕育出来的，难道还有比爱更加美好、更加崇高的感情吗？爱的召唤甚至可以感动最为蛮横和粗野之人的心灵。纵然那些人给人类带来了死亡和灭绝，但是也可以被爱的美好所打动。所以，无论行为如何，人们的内心深处都蕴含着爱。这种力量一旦醒来就可以发挥功效，人的心灵将被触动。假如人的心中本来没有爱，那么不管我们把爱描述得多么美好，人们也不可能有任何反应。假如人们可以感受到爱的力量，那么即使爱的作用非常渺小，但人们也会受到爱的影响，并对爱有一种与生俱来的期望。

如果我们要让这个世界变得更加融洽，那么就应当对这种爱予以更多的思考，探究爱的内涵。儿童是人们情感和爱怜的集聚之点。所有人被儿童的这种爱笼罩着，儿童成为爱的源泉，一切与儿童有关的话题实际上都与爱有关。如果让我们给爱下一个精准的定义，那是十分艰难的。虽然我们感受到了爱，却没人可以说清爱的根本在哪里、爱的影响有多大，也没人可以说清爱对人类的团结能够起到怎样的作用。虽然人与人的信仰、种族和社会地位等都不相同，可是一旦儿童变成他们的话题，他们就能够产生一种团结友好的关系。人与人之间的防备也会随之不见，日常生活中的隔阂也会随之消失。

人与人之间要变得亲切、温和，那么就要与儿童生活在一起，因为人们将不会再相互猜忌。人的生命刚好就起源于此。成年人拥有为了爱可以保护他人的冲动。就如我们从儿童身上感受到的一样，成年人之间也蕴含着爱，这是由于人们之间存在着团结的力量。没有爱就不会形成这种团结的力量。

战争给这个时代带来了极大的灾难。世界各地都发生了战争，这时讨论爱或许是一种巨大的讽刺。可是，人们依旧一成不变地对爱进行着谈论，这是一件多么奇特的事情啊！人们制订了团结的计划，这不只表明了爱的存在，也表明爱的力量是团结的基本。现在，好像每个人都在说："不要再做关于爱的美梦了，我们应该面对现实。灾难正在我们面前发生，森林、村庄、妇女与儿童都是灾难的受害者，难道不是如此吗？"可即便是这样，我们依旧在谈论着爱，进行着爱的修复工作。

假如没有更加有力的证据表明爱的力量的存在，那么为什么我们不对这个重要现象进行研究呢？人们之间互相的怨恨给世界带来了巨大的破坏。为什么我们只是对爱进行口头上的谈论呢？为什么我们不将它当作一个课题来进行剖析和研究，让人类可以受益于爱的力量呢？我们应当问问自己，为什么从来没有任何人想对这种自然的力量进行研究，并将它的力量与其他的力量结合起来呢？人类把很多精力放到了对其他自然现象的研究上，因此得出了成千上万种发现。为什么我们不花费时间来研究能够团结人类的力量呢？因此可以呼唤爱的潜在力量，可以让爱展现出来的工作都应当受到欢迎和注意。在之前我们说过，诗人和哲人经常讨论爱，好像爱是一种理想。可是，爱不只是一种理想，它也是一种客观存在，之前是，未来也是。

我们应当了解，我们可以感受到爱的实际存在，但不应该归功于学校的教育。

诗人和先哲的话语也许会被人们遗忘，这是由于生活的压力、时代的喧嚣。人们热烈地呼唤爱，并非因为受到外界的影响。爱和对爱的期望不是人们可以学到的事物，它是人类生命可以持续的组成部分。只有生命才可以真正地体现出爱，诗人和先哲的话语却不可以。

我真的期望可以引用一切诗人、先哲与圣人的话语，但因为这些话语的数量太多，而且他们所使用的语言种类也非常多，所以我做不到这一点。但在这里，我可以引用一位我们都知道的圣人——圣保罗的话。他将爱描述得酣畅淋漓。纵使是在 2000 年后的今天，他的话依然可以将无数基督徒的热情激起。他说：

"假如没有爱，人类乃至天使的言语也仅仅是一些没有意义的声音。纵使我可以预言一切事物、知晓一切奥秘、掌控所有知识，纵使我的信心可以移山，但假如没有爱的话，那么我也必定一事无成。纵使把我的全部财产去救济穷人，纵使我舍身成仁，但假如没有爱的话，那又有什么意义呢？"

假如我们对传道者讲："你对此感触如此深刻，一定了解爱是什么了吧？爱肯定是十分玄妙的，你可否为我们讲解一下？"我们如此说话是能够被谅解的。这是由于对这种高尚的感情进行表述是很难的。事实上，圣保罗的话也是当代文明的一种反思。人类已经不仅仅可以填海移山，甚至可以创造更加伟大的奇迹。随着科技的进步，当我们在地球一边讲话时，地球另一边也可以听见。可是假如没有爱，所有这一切都将不具有任何意义。我们已经为穷苦人建起了强大的组织系统，为其供应衣物与粮食，可是假如不具有一颗真正的爱心，那又有什么用呢？比如打鼓，是由于鼓中间是空的我们才可以听到鼓的声音。所以，爱的实质是什么呢？我们可以从之前引用的圣保罗的话语中看出，爱是伟大的、高尚的。圣保罗还讲了以下的话，尽管不是什么高明的哲理，但依然会给我们带来启示。他说："爱是一种永久的容忍，是仁爱；爱是不妒忌、不做耻辱之事，不自以为是；爱是没有贪心、不谋取私利、不愤怒、不做坏事；爱是对真谛与正义的热爱；做一切事情都应当宽容、信任、渴望与容忍。"

所有这一切都是对人类心理世界的描述，不由让人记起儿童的一些特征。这些话好像在对儿童"有吸收力的心灵"进行描述。儿童的这种有吸收力的心灵能够容纳一切事物，并终究会通过人的行为表现出来。儿童经过这个具体工作来得到与他人同等的地位和适应周遭的生活环境。儿童是具备忍耐力的。自从他们降临到这个世界上，无论出生于何种环境，都会逐步在那样的环境中获得成长，并且适应这种生活。长大后，他会非常幸福地在这个环境中生活。在热带出生的儿童会逐步适应那里的生活环境，当来到别的生活环境时将会出现不适应的状况。不管是出生在平原、山地、沙漠乃至是极地，儿童都会逐渐适应当地的生活环境。但他们最喜爱的地方仍然是他们出生和成长的地方。

假如儿童不具备这种有吸收力的心灵，那么所有地方的文化都不会得到稳定的进步。假如一切文明都是儿童降临后才重新开始的，那么人类的文明将不会获得持续的发展。

人类创造了社会，社会的根基就是"有吸收力的心灵"。我们经过对儿童的观测就可以了解这一点。儿童通过爱的方法来处理关系到人类命运奥秘的难题。诗人和先哲未对爱实行剖析，但儿童的成长过程却向我们呈现出了爱的轨迹。假如我们探究下圣保罗的话，再观察儿童，我们就能这样说："在儿童身上完全地证明了圣保罗的话。儿童身上有着很多种爱的财富。"

所以，爱不只存在于那些用宗教和诗歌将它表述出来的人的心里，它存在于所有人的心里。它是大自然赐予每个人的奇迹，这种巨大的力量在所有场合都可以得到体现。虽然人类被遍布各地的战争所干扰，但是爱的甘露正在不停地滋养人类。因此，假如没有爱，人类所创造的一切，包括所谓的发展也会失去意义。这个观点很容易就能明白。爱是每个儿童降临到这个世界上的时候就拥有的天赋。假如儿童的爱的潜力可以施展，人类的成就将不可估量。自然，我们获得的成果也是十分伟大的。成年人与儿童一定要把他们的力量团结在一起。成年人只有谦虚地向儿童学习才能变得强大。说来也稀奇，在人类创造的一切奇迹和获得的所有发现中仅有一个未被关注的领域，那就是"儿童的奇迹"。可是，爱并不止于我们目前所谈论的这些。在人们的心里，爱已经被笼罩了一层梦幻的色彩。我们觉得，爱仅仅是繁杂力量的一个方面，这种繁杂的力量能够通过"吸引力"和"亲和力"这两个词语来表达。整个世界被爱所统领，星辰可以有规律地运行，原子可以重新联合构成新的物质，同时也可以协调无机物与有机物的力量。这种力量的凝结是构成一切物质的基础。总体来说，尽管爱是没有思想的，但是在生活中，它又能够被认识到。我们可以感受到的力量就是"爱"。每个动物都具有繁殖能力，而且有一定的周期性，这也是爱的一种表现方式，是自然的需求。假如没有爱，就不会有任何生命的延续，物种也将走向灭亡。

动物们时常可以感受到这种力量，但是这种力量又会立刻消失在它们的思想中。这表示自然在给予爱的时候是非常节约和严肃的。自然所赋予的爱是如此的少，所以爱是十分珍贵的。生命刚一降临时，就会唤醒父母对孩子的爱。这种爱让母亲哺育孩子，给予孩子温情与保护。母亲日夜守护在孩子身边是出于对孩子的爱。这种爱保证了孩子的健康、安全与生命。不过爱的这种特别的功效也是有限的："这关系到生命的延续，我们一定要有所舍弃，直到我们不再被孩子需要为止。"当动物的幼崽长大之后，父母对它们的爱就会逐渐消失。在这之前，母子之间似乎存在着一种坚固的情感纽带，把它们密切地关联在一起。随着幼崽长大，这种纽带就开始减弱。之前，幼崽在母亲那里得到了一切，但是现在，就算它们从父母那里取走一口食物，父母也会猛烈地攻击它们。

这表示什么呢？这表示一旦爱的目的达成之后，它就将立刻消失，就好比即将进入云层的太阳，很快就会消失。

可人类与动物不一样。婴儿长大后，爱不但没有消逝，并且还延续到了家庭以外的地方。一旦我们对某种愿望有所感动，我们就会快速地被爱团结在一起。

　　人类的爱是永久的，它的功效不只表现在个体之中。这是由于，假如不是前人已经被爱的功效所触动，他们怎么会创立社会组织，并将爱传递给别人呢？

　　假如自然赋予这种爱的力量有着鲜明的目的，假如她是庄严和慎重地赋予其他物种这种力量，那么对人类的赐予一定是有目的的。假如爱的终极目标是拯救，那么假如它被忽视，就将会造成毁坏。可以这样说，纵使人类消失在茫茫宇宙中，爱也会一直坚守并完成它创造、守护与拯救的任务。

　　爱是大自然馈赠给人类的特别礼物——为了完成某种特殊的目的。在这一方面，它具有所谓的"宇宙意识"的功效。我们一定要尽自己的所能去珍视它、喜爱它、发展它。在一切生物中，仅有人才可以把爱的力量升华。大自然赐予人的任务是珍视爱的力量，整个人类被这种力量聚集到了一起。这也证明爱并非一种无形的观念，而是一种切实存在的力量。

　　通过这种力量，人还可以将自己劳动和智慧的成果都聚集在一起。如果没有这种力量的话，人类所开创的所有美好的事物都将陷入混乱和毁灭——事实上，这样的事情时常发生。

　　此刻，我们就能够了解圣人所说的"失去了爱，一切都是徒劳"这句话的含义了。爱不是照耀黑暗的明灯，也并非传达声音的电波，它已经超越人类发现与应用的一切事物，它是最为伟大的力量，存在于宇宙间。所有人的心里都具备这种爱的力量。尽管自然赐予人类的这种力量非常有限而且不够集中，但是它却是控制人类一切力量中最为强大的一个。每个婴儿都会给我们带来新鲜的力量，在他们降临在这个世界的时候。纵然出生后的环境让这种力量得不到发展，我们也仍旧可以感受到这种力量的强大。因此，我们一定要花费更多的精力对其进行探索和研究。因为爱并非大自然赐予环境的，而是大自然赐予我们人类的。所以如果想更多地研究和利用爱，我们就一定要给予儿童更多的关注。

要想实现拯救和团结人类这个目标，那我们就一定要根据自己的期望，努力地沿着这条道路走下去。